VIVERE MEGLIO

JOHANNA MAGGY

SPLENDERE

PICCOLI INCANTESIMI PER BRILLARE OGNI GIORNO

Traduzione di Alessandra Carati

MONDADORI

Crediti fotografici:

© mamafedona: 6, 8-9, 12, 15, 18-19, 26-27, 32, 34-35, 46-47, 55, 58-59, 62-63, 65, 68, 74, 79, 82-83, 87, 90-91, 94, 100-101, 104, 114, 119, 120-121, 124, 129, 136, 140-141, 143, 146-147, 150, 157, 160, 163, 164-165, 168, 173, 174-175

© Robert Marnika: 22, 132-133

photo by Paolo Regis: 43, 99, 154-155

© Saga Sig: 29, 38, 50-51, 70-71, 110-111

Progetto grafico: Rebecca Frascoli / studio pym, Milano

librimondadori.it
anobii.com

Splendere
di Johanna Maggy
Collezione Vivere Meglio

ISBN 978-88-04-71569-6

I edizione maggio 2019

INDICE

Alle mie nonne
Jóhanna Ingibjörg e Jóhanna Maggý
che mi hanno dato l'amore più puro e mi hanno mostrato
con il loro esempio com'è una donna forte.
Porto il loro nome con orgoglio e spero, un giorno,
di poter diventare come loro.

INCANTESIMI

Una delle cose che più amo della vita è il fatto che offre infinite opportunità di ricominciare, di trasformare ogni giorno in un nuovo inizio, come accade per il respiro, che non è mai uguale a se stesso ma si rinnova in continuazione nell'essenza, nel ritmo.

Non conta la situazione in cui ti trovi. Puoi essere così abbattuto da pensare che il tuo cuore si sia irrimediabilmente svuotato e che nella tua anima non ci sia più un briciolo di felicità, eppure ti si presenterà sempre un'occasione per ripartire e provare a fare meglio, un passo dopo l'altro.

Quando gli eventi della vita ti hanno strappato la gioia, la leggerezza, le risate, puoi decidere di cambiare rotta e cercare di riprenderteli. Davvero, non è mai troppo tardi per provare a cambiare, migliorare, guarire le tue ferite e lasciare che l'amore vada e torni. Fare spazio a un nuovo inizio.

Si combatte per se stessi e per trovare un modo autentico di fiorire, di rendere questa vita nostra e nostra soltanto.

Con questo libro mi piacerebbe poterti invitare a prendere in mano la tua salute, il tuo benessere, i tuoi sentimenti, a guardarti dentro in modo più diretto e a crescere come essere umano.

Quando siamo profondamente connessi con i nostri sentimenti, la nostra saggezza interiore, i nostri pensieri, il corpo e la mente, siamo in grado di arrivare agli obiettivi che ci siamo prefissati molto più velocemente. Abbiamo delle fondamenta vere, forti, su cui costruire la nostra vita. Bisogna solo cominciare, e farlo da ora.

Ogni giorno è importante e il cambiamento non deve essere per forza immediato, radicale.

Si comincia con piccoli gesti che possono mutare l'umore di un momento o addirittura di un'intera giornata. Proviamo a fare qualcosa per noi stessi, anche se si tratta di accendere una candela a cena quando si mangia da soli.

Ogni tramonto ci dà la possibilità di salutare quello che non vogliamo più portarci dietro o le abitudini che non ci appartengono più.

Ogni alba ci permette di abbracciare un giorno tutto nuovo e di fare meglio, guarire, imparare dal nostro comportamento passato. Cominciamo a lottare per noi stessi e per i nostri sogni, a trattare noi e le persone che amiamo con cura, grazia e rispetto.

Spesso si tende a rimanere bloccati troppo a lungo in abitudini scomode e a dare la colpa agli altri per il fatto di non uscirne.

Senza una buona connessione con se stessi è difficile avere una visione chiara di dove ci si trova e del motivo per cui certe situazioni ci sembrano così difficili, inestricabili.

Ognuno di noi ha bisogno ogni tanto di fermarsi e pensare: "Cosa posso fare per migliorare la mia vita?". Incarno la migliore versione possibile di me stesso?

Essere coraggioso, mettere in atto quella trasformazione è il regalo più bello che puoi fare a te stesso e alle persone che ami.

Andare avanti, cambiare in meglio ci rende più leggeri, più gioiosi. Ed è contagioso! Alla fine anche le persone che ti stanno intorno vorranno essere migliori.

Per quanto mi riguarda, ciò che mi ha fatto imparare di più è stato cominciare ad ascoltare, ascoltare per capire, non ascoltare per rispondere o giudicare. Ed è stata una conquista, perché, per come ero fatta, quando qualcuno mi parlava mi sentivo in dovere di dire qualcosa, e stare zitta mi provocava disagio. Nel tempo mi sono accorta che non mi mettevo mai davvero in ascolto. Così ho cominciato a provarci, ad accantonare il mio ego e ad aprire la mia mente. Ho provato persino ad ascoltare la vita stessa e i messaggi che aveva in serbo per me. E tutto è cambiato all'improvviso, come se avessi voltato una pagina del mondo che avevo sempre creduto di conoscere.

Tutti abbiamo una voce interiore, è lì, sempre pronta a essere ascoltata e a darci i consigli migliori e più onesti. Molte altre voci sagge ci circondano, sono ovunque, dentro ogni cosa, persino negli estranei, che non notiamo perché siamo troppo occupati. Con una sola semplice parola possono cambiare il corso della nostra vita.

La vita è piena di tesori. Nel periodo in cui ho viaggiato e vissuto in diverse parti del mondo, le persone che più mi hanno ispirato sono state quelle incontrate per caso, durante una semplice passeggiata oppure al ristorante, ascoltando frammenti di conversazione del tavolo accanto al mio. Come se in quel momento fossero lì a consegnarmi un messaggio.

A volte è bastata una singola frase o una parola per farmi riflettere e cambiare il mio modo di essere, agire o pensare.

Ho avuto l'incredibile occasione di raggiungere un posto incantato nel profondo della foresta amazzonica e di ricevere insegnamenti da alcuni sciamani estremamente potenti, che vivono in totale comunione con la natura, con lo spirito della foresta e della terra.

È stata pura magia, tanto che volevo tornarci a tutti i costi e scoprire ancora di più, trarre più lezioni da quel posto così forte, chiamato anche "i polmoni del pianeta".

Avrebbe però comportato stare lontano dai miei figli piccoli per un mese intero.

Ci ho pensato e ripensato, ho provato a guardare la faccenda da ogni prospettiva possibile per capire cosa avrei dovuto fare. Il desiderio di partire era così urgente, sapevo che avrei imparato tantissimo e che sarei entrata in una relazione profonda e reale con la natura. Ne ho parlato con diverse persone, quelle che sento più vicine, che amo e rispetto, e ognuna di loro mi ha detto che, se credevo che il viaggio sarebbe stato per me un'incredibile evoluzione personale e che avrei portato a casa un sapere profondo,

allora sarei dovuta andare. I miei figli sarebbero stati al sicuro, protetti dalle cure del loro papà e dei nostri parenti stretti, e un mese sarebbe volato. Al mio ritorno avrei potuto recuperare il tempo perduto.

Eppure, più ci pensavo e più mi sentivo a disagio a lasciarli per così tanto tempo, avevano solo cinque anni il maggiore e tre il più piccolo. Era dura capire se fosse davvero giusto prendermi quel momento per me... Finché una domenica eravamo tutti insieme al parco. C'erano bambini che correvano dappertutto, genitori e nonni. I miei figli erano seduti sull'altalena e stavo cercando di convincerli a scendere, dovevamo tornare a casa perché era tardi, dovevo far loro il bagno e preparare la cena.

Una donna è venuta verso di noi. Parlava una lingua straniera e camminava male, le sue mani erano tutte deformate, aveva un'aria strana, non sembrava molto pulita. La prima cosa che ho pensato è che volesse dei soldi oppure volesse vendermi qualcosa, non riuscivo a capire quali fossero le sue intenzioni.

Quando ho visto che si avvicinava ai bambini, ho detto loro in islandese di andare da papà sulla panchina, ma, siccome non volevano tornare a casa, non mi hanno ascoltato e sono rimasti fermi, seduti sull'altalena. Così, quando la donna li ha raggiunti e ha cercato di attirare la loro attenzione, l'ho guardata negli occhi, le ho sorriso e le ho chiesto in italiano: «Come stai?».

Lei ha risposto che i miei bambini erano davvero meravigliosi.

«Sì, sono speciali» ho detto, poi l'ho ringraziata.

«La famiglia è tutto, l'unica cosa che conta è stare insieme, specialmente con dei bambini così belli.»

Mi ha raccontato di avere nove fratelli e sorelle, amava il fatto di appartenere a una famiglia così numerosa. La madre era una persona amorevole che si era presa cura di ciascuno di loro, erano rimasti vicini l'uno all'altro per tutta la vita.

«Ogni momento trascorso con i figli è ben speso» ha detto, e poi ha aggiunto che ero fortunata a essere la loro madre e loro a essere i miei bambini, insieme eravamo una bella famiglia.

Si è avvicinata ai bambini per far loro una carezza sulla testa e ha continuato a ripetere quanto fossero belli. Loro erano già saltati giù dall'altalena e si erano nascosti dietro le mie gambe, come fanno i bimbi timidi quando non conoscono la persona che hanno davanti.

«Ok, è ora di andare» ho detto. «Auguro il meglio a lei e ai suoi fratelli e sorelle.»

Sembrava felice del nostro breve scambio sulla bellezza della famiglia. Mentre andavamo verso casa ho pensato: "Wow, quella donna era lì per dirmi che dovrei restare a casa con i miei meravigliosi bambini. Hanno bisogno di me e più di tutto io ho bisogno di loro. Ogni giorno mi insegnano così tanto sulle relazioni umane, mi mostrano quanto puri e limpidi possano essere il nostro cuore e la nostra mente quando nasciamo e siamo piccoli".

NON AVEVO BISOGNO DI ANDARE NEL PROFONDO DELLA FORESTA AMAZZONICA

Non avevo bisogno di andare nel profondo della foresta amazzonica, lontano dagli esseri umani più straordinari che abbia mai conosciuto. Ripenso spesso a quella donna e spero un giorno di incontrarla di nuovo.

Il mese in cui ho deciso di restare è stato pieno di momenti magici insieme ai bambini, che non avrei voluto perdermi per niente al mondo.

Nonostante quel mese sia stato meraviglioso, ho cominciato a chiedermi: "E se fossi andata nella foresta amazzonica? Cosa avrei scoperto? Come sarei stata? Sarebbe stato davvero un errore?".

Quando guardiamo la strada che dal passato ci porta verso un futuro sconosciuto, tendiamo a focalizzarci più sulle vie che non abbiamo percorso, sugli errori che abbiamo commesso invece che su quanto siamo stati bravi, sui momenti guadagnati e condivisi con le persone che amiamo.

Quelli che chiamiamo errori spesso non sono affatto negativi, anzi, in un certo modo sono necessari. Siamo tutti esseri umani e siamo qui per cercare di dare il meglio e sopravvivere in mezzo alle mille cose che dobbiamo fare per arrivare a fine giornata.

**È la vita che ci allena,
ci insegna a crescere e a splendere.**

La sfida è riconoscere ciò che ci permette di imparare e capire come evolverci a partire dagli sbagli fatti in modo da non ripeterli più. Finché osserviamo le nostre azioni e cerchiamo di evitare di commettere gli stessi errori, stiamo facendo del nostro meglio per crescere un po' ogni giorno.

La maggior parte delle volte guardiamo a quello che avremmo potuto fare e imbocchiamo la strada del rimprovero, della critica, del biasimo verso noi stessi o verso gli altri, oppure verso le circostanze che non sono state favorevoli, invece di assumerci la responsabilità delle nostre azioni e trovare il modo di cambiare il nostro schema di comportamento, le nostre abitudini.

Attraverso il mio lavoro di insegnante di pilates, ho avuto l'onore di incontrare molte persone, clienti o insegnanti come me, e mi sono accorta che quelle che trattavano loro stesse nel modo peggiore e più duro erano le stesse che erano state trattate così da piccole.

Come si può essere felici se qualcuno ti critica tutto il tempo? Perché siamo irrispettosi nei confronti di noi stessi? Quando abbiamo cominciato a meritarci parole astiose, addirittura di odio?

A volte sembriamo dimenticare di prenderci cura della nostra prima casa, ovvero il nostro corpo e tutti i livelli del nostro essere, le emozioni, i sentimenti, i pensieri. Che fine ha fatto il bambino interiore con cui amavamo giocare, che è innocente, dolce, nient'altro che amorevole e gentile? Quel bambino resta dentro di noi sin dal primo momento della nostra esistenza. All'inizio della vita tutti siamo puri, delicati, con la mente libera dal giudizio, ma a un certo punto del cammino, tristemente, diventiamo duri con noi stessi e mettiamo a tacere il bambino interiore. Invece dovremmo assicurarci che sia sempre vigile, ascoltare la sua voce.

Sono uscita dal tribunale di New York, dopo uno dei momenti più dolorosi e difficili della mia vita. Ero rimasta in aula cercando di non crollare, di fare tutto quello che potevo per restare in piedi e non versare nemmeno una lacrima mentre rispondevo alle domande che mi faceva l'avvocato.

Ero così tesa e allo stesso tempo non sentivo niente, le spalle con-

tratte, lo stomaco sottosopra e il cuore che pulsava come un matto. Tenevo i pugni chiusi e sudavo.
Tutto mi sembrava offuscato e le persone che mi stavano intorno e mi parlavano sembravano distanti, irreali. Tutto era calmo e quieto, la mia voce sottile cercava di essere forte.
Quando ho finito sono uscita, non c'era nessuno ad aspettarmi. Ero sola, a New York. Avevo ventiquattro anni. Camminavo come se fossi dentro un film, il corpo insensibile, mi muovevo al rallentatore. Mi sono infilata in una stradina laterale e poi ho percorso tre isolati, ho trovato un angolo tranquillo e mi sono accasciata contro un muro. Sono scivolata a terra, ogni cellula del mio corpo tremava e piangeva, le lacrime affioravano tutte insieme dal punto più profondo della mia anima. Non mi ero mai sentita così sola, persa e disperata, credevo che non mi sarei mai più ripresa da quell'esperienza. Ero arrabbiata, ferita, sentivo che ogni cosa era stata rovinata in modo irrimediabile. Mi avevano strappato tutto, le risate, l'amore, la gentilezza, il mio spirito. Non sarei più tornata a essere quella di prima.
Ero lì seduta a terra, raggomitolata su me stessa, con il viso affondato tra le ginocchia mentre i newyorchesi correvano ovunque per sbrigare commissioni e stare dietro alle loro vite. Non riuscivo a rimettermi in piedi, sentivo le gambe molli, ma di lì a tre ore sarei dovuta essere al lavoro e alla fine ho cominciato a camminare senza quasi nemmeno rendermene conto. Mi sono ritrovata di fronte a una piccola chiesa, una piccola meravigliosa chiesa nel bel mezzo dell'Upper East Side. Sono rimasta fuori per qualche minuto e poi sono entrata, mi sono seduta su una panca. In un angolo vedevo la fiamma di una candela che baluginava sull'altare e, non so come, sono scoppiata a piangere, all'improvviso, come un temporale estivo. Stavo rilasciando tutta la tensione, la rabbia, il dolore, e non

potevo o non volevo trattenerli. Mi sono tolta il maglione e me lo sono premuto sul viso per tentare di soffocare i singhiozzi.

Un uomo che stava pulendo il pavimento è venuto verso di me. Era anziano, teneva la scopa in una mano. L'ho guardato e mi ha rivolto il sorriso più calmo e radioso che abbia mai visto nella vita. Poi ha appoggiato la scopa, mi si è seduto accanto e mi ha circondato le spalle con un braccio. Ha lasciato che gli piangessi sulla camicia per tre quarti d'ora. Alla fine mi ha sorriso di nuovo, nello stesso modo dolce di prima, mi ha posato una mano sulla spalla ed è tornato a pulire il pavimento.

Ho aspettato ancora qualche minuto, per essere sicura di aver ritrovato la forza di alzarmi e andare al lavoro.

Continuavo a sentirmi un corpo fluttuante, senz'anima. Come avrei potuto provare di nuovo la gioia, la felicità? Non sarebbe accaduto mai più, mai. Oppure, forse, dovevo combattere e non lasciare che la mia vita svanisse, guardare quello che mi era successo come un doloroso insegnamento e provare al mondo che ero forte abbastanza per affrontarlo e superarlo, da sola contro tutti. Sapevo di avere un'unica possibilità: cercare di dare un senso a quell'esperienza. Sarei riuscita a tornare a essere me stessa, avrei creato intorno a me una bolla dove sentirmi al sicuro, protetta, coccolata, felice. Mi sarei circondata di cose calde, affidabili, accoglienti.

> **COME AVREI POTUTO PROVARE DI NUOVO LA GIOIA, LA FELICITÀ?**

Avrei trovato un modo per ricominciare a essere forte, sorridere e splendere, di nuovo. Abbracciare la bambina che era dentro di me. Ci sono voluti tantissimo tempo e un grande impegno, e ancora

ce ne vogliono. Ci sono stati molti momenti in cui avrei voluto mollare tutto.
Eppure, per quanto sia stato terribile e per quanto vorrei davvero che vivessimo in un mondo dove nessuno deve affrontare prove di quel tipo, ho imparato qualcosa su di me. Sono in grado di attraversare esperienze profondamente dolorose e venirne fuori.

Immagina di camminare mano nella mano con un bambino su un prato pieno di fiori meravigliosi e profumatissimi, il suono del vento vi accarezza e di fronte avete una montagna enorme, potente. Gli uccelli cantano, tutto è così incantevole da sembrare magico.

Ami il bambino con cui cammini più di ogni altra cosa al mondo, lui appartiene a tutta quella bellezza e mai vorresti che un giorno potesse essere testimone di qualcosa di tremendo, mai in tutta la sua vita.

È il tuo primogenito e il desiderio di proteggerlo è fortissimo, va oltre le possibilità umane. Quando gli parli lo fai solo con parole dolci, amorevoli.

Non vorresti mai che gli succedesse qualcosa di brutto, lo abbracci, lo guardi negli occhi, lo tieni stretto e gli accarezzi la testa. Lo nutri con cibi sani così che possa crescere forte, ti assicuri che ogni giorno abbia acqua a sufficienza. Giochi insieme a lui, gli dedichi tempo e attenzioni, gli dai il meglio che hai da offrire in questa vita.

Ora immaginiamo di essere quel bambino.

Perché non ci trattiamo nello stesso modo?

Dovremmo avere cura di noi, la stessa cura che abbiamo per quel bambino. Quando ci amiamo e rispettiamo, siamo in grado di amare e rispettare ancora di più gli altri, in un modo più profondo, più consapevole, più potente.

Perché diventiamo cattivi con noi stessi? Spesso ci diciamo: "Sei troppo grasso, troppo pigro, brutto, strano, non sei mai abbastanza bravo e sbagli sempre!”.

Abbiamo avuto un’infanzia complicata? Qualcuno in cui avevamo fiducia ci ha tradito irrimediabilmente? Siamo arrabbiati con i nostri genitori? Diamo loro la colpa di qualcosa? Abbiamo bisogno di perdonarli? Oppure è solo una brutta abitudine in cui ci siamo chiusi?

Penso che possa dipendere da molte cose, ciascuno di noi ha la sua storia e può provare a riflettere su quale strada l’ha portato lì e cercare di porre rimedio.

Il nostro bambino interiore è la forma più pura del nostro essere.

Probabilmente è la parte più importante di noi e ha bisogno di cure, ma nelle nostre vite caotiche ce lo dimentichiamo, lo trascuriamo, lo lasciamo tutto solo.

L’immagine del bambino interiore ha davvero cambiato la mia vita.

Ricordo che, quando me ne hanno parlato la prima volta, mi sono commossa e mi è venuta la pelle d’oca. In quel momento ho capito di essermi terribilmente trascurata e di aver permesso che qualcuno mi trattasse male per tutto il tempo. La mia mente era piena di durezza e negatività nei miei confronti. La prima cosa che avevo bisogno di fare era dare alla mia piccola bambina un grande abbraccio e riempire il mio corpo di energia positiva, calore e amore.

Racconto spesso questa storia, nella speranza che possa far bene a chi la ascolta. Ogni volta che lo faccio, qualcosa dentro di me cambia in meglio. Abbiamo tutti bisogno di ricordarci di rivolgere a noi

stessi molto amore perché, quando lo facciamo, la quotidianità inizia a cambiare.

La cura di sé può cominciare da gesti semplici: respirare più profondamente, bere più acqua, camminare invece di usare l'auto, iscriversi a una classe di yoga, prepararsi un'insalata o una zuppa di verdura invece di comprare cibo già pronto, facile e veloce. Cominciare con il dire no, così da non essere trascinati in situazioni che non rendono la nostra vita migliore, ma ci stressano e sottraggono tempo a noi stessi e alle persone che amiamo. Le nostre emozioni sono profondamente connesse con quello che facciamo ogni giorno, persino con le parole che scegliamo o le decisioni che prendiamo in merito al cibo e a tutto ciò che riguarda il benessere.

Spero di aver svegliato la tua attenzione. Ora puoi cominciare a parlare con il tuo bambino interiore e ad abbracciarlo.

Quando la relazione con te stesso inizierà a crescere e a diventare profonda, ti accorgerai di quanto amore e quanta gentilezza ci sono dentro di te, pronti per essere donati agli altri, che siano i tuoi figli o il tuo compagno.

Una volta che ti sentirai amato, curato e guarito, tutto questo si diffonderà nell'aria intorno a te. Anche se credo che già ora tu sia una persona meravigliosa e gentile. Eppure c'è sempre spazio per migliorare.

Mai smettere di imparare, di crescere.
E mai smettere di amare.

RESPIRA

Respira: sembra qualcosa che tutti abbiamo sentito un milione di volte, vero?

Ma ci hai mai pensato seriamente? Bene, ti chiedo di provarci ora. Inspira dal naso ed espira dalla bocca, profondamente, per tre volte di seguito. Ti accorgerai di come, appena dopo un secondo, ti sentirai calmo.

Immagina quanto possono migliorare le tue giornate se solo cerchi di fare dei respiri consapevoli.

Può sembrare strano, lo so, perché, mentre leggi questo libro, stai respirando, ma è probabile che tu non lo stia facendo profondamente, con le spalle rilassate lontane dalle orecchie, con il petto disteso e aperto e i polmoni che si riempiono di aria e poi si svuotano.

Quando cresci in Islanda impari molto presto che passare del tempo all'aria aperta, almeno un'ora al giorno, è molto importante, direi quasi necessario. I bambini stanno all'aperto da quando sono molto piccoli, intorno ai tre mesi si ha l'abitudine di lasciarli fuori di casa per i loro sonnellini quotidiani, dentro la carrozzina, ben vestiti e al caldo, sempre che il tempo lo permetta. Dormono all'aria fresca, ascoltano gli uccellini cantare o il rumore della pioggia, mentre un vento leggero li culla. Si dice che rafforzi il loro sistema immunitario e i loro polmoni, dal momento che respirano aria nuova e pulita. «Vai fuori a prendere una boccata d'aria» è una frase che ho sentito un mucchio di volte durante la mia vita. Respirare all'aria aperta ti farà sentire meglio e migliorerà il tuo umore. Mia mamma e mia nonna lo ripetevano sempre.

PRENDITI QUALCHE MINUTO SOLO PER STARE SEDUTO E RESPIRARE

I bambini, crescendo, cominciano a giocare fuori e a fare brevi passeggiate. Quando vanno all'asilo, passano più di metà della loro giornata all'aperto, che ci sia il sole, che piova o nevichi. Il tempo atmosferico è solo tempo atmosferico e stare fuori in ogni situazione è una parte necessaria della crescita. È così bello vivere e imparare come fanno i bambini. Giocare in qualunque circostanza atmosferica mi ha dato davvero tanto e sono molto grata di averlo potuto fare. Da adulta ogni tanto mi capita di avere nostalgia di quell'aria fresca e delle giornate passate nella natura.
Fare un bel respiro all'aperto è diverso dal farlo in casa. Prova, cerca una panchina nel parco più vicino e prenditi qualche minuto solo per stare seduto e respirare. Quello che ti regalerà potrebbe sorprenderti.

Se fai yoga o mediti con regolarità conosci molto bene ciò di cui sto parlando, quella sensazione di pura estasi quando hai finito. Se non fai yoga o non mediti, ti assicuro che queste attività possono dare grande benessere, calmano il sistema nervoso e migliorano la vita sotto diversi aspetti.

Ci dimentichiamo di lasciare spazio al respiro.

Soprattutto nelle giornate più faticose, quando dobbiamo fare un mucchio di cose e giriamo come trottole, ci dimentichiamo completamente di rilassare le spalle e lasciarle ricadere, di allungare il respiro, approfondirlo e calmarlo.

L'elemento positivo di rendere il nostro respiro consapevole è che possiamo continuare a fare tutto quello che facevamo prima, esattamente nello stesso modo. È molto semplice, basta porre l'attenzione sulla postura del corpo quando si fa un bel respiro. Le spalle sono alzate e attaccate alle orecchie? La schiena è piegata sulla scrivania, sul computer o sul telefono?

Lascia che il petto sia aperto e disteso e consenti all'aria di fluire nei polmoni, in modo che si espandano in ogni direzione, e poi in tutto il corpo.

L'obiettivo è allungare l'inspirazione ed espirare lentamente, stabilmente, finché hai svuotato del tutto i polmoni. Puoi ripeterlo da tre a cinque volte al giorno, trova il tuo equilibrio, non strafare per non arrivare a desistere subito. Deve essere una misura comoda per te, e da lì parti per espanderla un po', giorno dopo giorno. Provaci, potresti scoprire che è la ciliegina che ti mancava sulla torta. Potresti persino prenderci gusto e farlo diverse volte nella tua giornata. Potrebbe far emergere dei sentimenti o ispirare nuove idee per il tuo lavoro o la tua vita. Basta un semplice respiro.

I benefici di respirare con consapevolezza, in modo più profondo e calmo ogni giorno, sono infiniti, da un punto di vista fisico e mentale. Senza il respiro saremmo morti, quindi perché non provare a dedicargli più attenzione?

La maggior parte di noi non ha idea degli effetti positivi che può portare una buona respirazione. Almeno, io non lo sapevo finché non l'ho scoperto per la prima volta a ventisei anni, e poi, man mano che i miei studi sono proseguiti, ne sono diventata sempre più consapevole.

Una buona respirazione è il fondamento di una buona salute.

Ecco qui le ragioni:

- una respirazione profonda e consapevole praticata ogni giorno purifica il corpo dalle tossine e rafforza il sistema immunitario;
- abbassa i livelli di stress, calma i nervi e l'attività mentale, cosa che influisce sull'umore e perfino sull'aspetto esteriore. Il viso è più luminoso, splende;
- aumenta la chiarezza del pensiero, mantiene in connessione con i propri stati emotivi e i propri sentimenti, così da migliorare la qualità delle decisioni prese;
- rafforza i polmoni e li mantiene in salute;
- il corpo e il cervello ricevono l'ossigeno di cui hanno bisogno per funzionare con più efficienza;

- il respiro favorisce l'intero processo di digestione, perché aumenta l'afflusso di sangue all'intestino e ne migliora le funzionalità. Soprattutto riduce la costipazione, l'aerofagia e il gonfiore addominale.

Ti accorgerai velocemente di quanto ti farà stare bene mantenere il petto aperto e disteso, tanto che lo farai sempre di più, fino a migliorare naturalmente la tua postura generale.

Non ti sentirai più a tuo agio curvo sul computer, con il petto depresso. Sarà il corpo a chiederti di allungare la spina dorsale, stare seduto più dritto e stabile. La tua presenza e la tua postura ci guadagneranno in grazia ed eleganza.

Il respiro consapevole è già una forma di meditazione, allo stesso tempo molto semplice e molto potente, e la puoi fare dove vuoi.

Se sei una persona che medita abitualmente, sei già a tuo agio con il respiro. Se non lo sei, questo è un modo facile e diretto per entrare in uno stato di calma e tranquillità e in una profonda connessione con te stesso, cosa che tutti avremmo bisogno di fare spesso e con maggiore costanza.

Quando, in una giornata, riesco a trovare dai due ai quindici minuti per respirare in questo modo, sento che a ogni inspirazione profonda e gentile i miei polmoni si espandono, a ogni espirazione la mia mente si calma. Mi accorgo di essere in grado di gestire situazione stressanti con una mente più salda, cosa che mi permette di trovare soluzioni ai problemi in modo più immediato. Insomma, riesco a volermi più bene.

Man mano che prendi confidenza con una respirazione più consapevole, prova ad allungare i tempi dell'inspirazione e dell'espirazione, vedrai che ti aiuterà a visualizzare i tuoi pensieri e a stare con te stesso.

Nel caso in cui tu stia pensando che in una giornata non hai tempo di dedicarti a una cosa così bizzarra (e forse senza senso) come respirare, datti una possibilità e provaci. Magari quando lavi i piatti dopo cena, oppure durante il tragitto verso il lavoro. Ancora meglio quando vai a dormire. In fondo non hai più niente da fare, la giornata è finita, sei sdraiato a letto, perché non provare a dedicare qualche minuto al respiro? Lascialo fluire e osserva come lo stress e la stanchezza piano piano abbandoneranno il tuo corpo. Posso garantirti che dormirai meglio e, quando ti sveglierai, ti sentirai più riposato e più connesso con te stesso.

Le persone che mi conoscono sanno quanto sia importante per me che l'atmosfera in casa sia accogliente e delicata. Qualche volta, quando le cose non vanno come avevo sperato o sono un po' fuori fase e ho bisogno di riallinearmi, accendo una candela, anzi più di una, e brucio del palo santo o della salvia per ripulire l'energia della casa, e anche la mia. Riempio la stanza di una musica che sia in accordo con il mio umore, oppure anche solo di suoni della natura o dello sciabordio delle onde. A volte addirittura preferisco il silenzio. Mi siedo in una posizione comoda e dedico quel tempo solo a me.

Come vedi, ci sono diversi modi per stare bene, basta scegliere quello che va meglio per ciascuno di noi.

Ti incoraggio a cercare intorno a te e a trovarne di nuovi, personali, che possano funzionare proprio per te. Di sicuro il respiro profondo, calmo, è uno di questi.

Puoi cominciare in ufficio o in auto e poi continuare trovando un posto confortevole a casa e farlo lì ogni giorno.

Una respirazione consapevole e regolare mi ha aiutato molto durante alcuni momenti di dolore acuto, fisico ed emotivo.

A un anno dalla vicenda del tribunale a New York, ho avuto un brutto incidente. Stavo pedalando verso casa durante la pausa pranzo, quando un taxi ha deciso di svoltare a sinistra all'improvviso, senza mettere la freccia. Sono andata a sbattere con violenza sulla sua portiera e l'urto mi ha scagliata in aria. Sono atterrata con tutto il peso del corpo sulla testa, ho visto le mie gambe volare all'indietro. Poi il buio, ho perso conoscenza.

La prima cosa che ricordo è la mia voce che continuava a ripetere: "Johanna, svegliati, non morire" mentre tenevo le mani sulla testa e sentivo il sangue defluire in un modo spaventoso, lo vedevo macchiare l'asfalto. Le persone mi stavano intorno con delle facce terrorizzate. Qualcuno ha chiamato il 911 e, mentre aspettavamo i soccorsi, mi chiedevano in continuazione se sentivo e capivo quello che mi stavano dicendo. Ma tutto ciò che riuscivo a ripetermi era: "Non morire, non morire, non ora".

In pochi istanti sono arrivati i soccorsi, il personale medico è riuscito a mettermi sull'ambulanza e a portarmi al pronto soccorso, dove mi hanno tagliato tutti i vestiti e mi hanno sistemato in un letto.

C'era un sacco di gente che si dava da fare intorno a me. Mi ricordo una signora che si è avvicinata e, scandendo ogni parola, mi ha chiesto se poteva usare il mio telefono per chiamare qualcuno della mia famiglia. In qualche modo le ho risposto che erano tutti in Islanda. Si è voltata verso un dottore e, anche se bisbigliavano, ho sentito che lui le diceva: «Bisogna che chiami qualcuno perché non so se sopravvive. Deve esserci qualcuno qui in città che possiamo contattare».
Non avrei dovuto sentire le parole del medico, ma l'ho fatto, e in quel momento ho deciso che si sbagliavano, anche se avevo un'emorragia cerebrale e la situazione era seria.
Una decina di ore dopo, il dottore si è avvicinato e mi ha spiegato che non sapevano come, ma l'emorragia si era fermata, quasi il sangue avesse fatto retromarcia. Gli sembrava un miracolo. «Sei una ragazza forte, con una mente potente» mi ha detto.
Pian piano la situazione è migliorata, anche se non potevo ancora camminare né muovere la testa e le mani.
Dopo tre giorni mi hanno dimesso. Onestamente penso che fosse troppo presto, ma siccome la mia assicurazione sanitaria non era sufficiente per coprire la degenza ospedaliera e mi sarebbe costato un sacco di soldi, mi sono ritrovata a casa. Da sola.
Ancora oggi sono grata a mio cugino che viveva a cinque isolati da me. È venuto a trovarmi tutti i giorni, più volte al giorno. Anche i colleghi e gli amici sono stati di grande aiuto, mi facevano la spesa e mi aiutavano con la doccia.
Ricordo che, quando sono arrivata a casa, avevo ancora tutti i capelli impiastricciati di sangue. La ferita era lunga e profonda, con diversi punti di sutura; farmi uno shampoo era impossibile, perciò, con grande pazienza, la moglie di mio cugino, in due ore, è riuscita a lavare via tutto con l'acqua.

Dopo quattro giorni avevo dolori ovunque, non ero ancora in grado di sollevare le braccia e nemmeno di stare in piedi da sola. Ho cominciato a fare pre-pilates a letto e a respirare profondamente per cercare di alleviare il dolore. Per fortuna conoscevo bene la tecnica pilates e sapevo quali erano gli esercizi migliori per guarire e tornare a irrobustirmi. Lentamente le cose sono migliorate. A distanza di un mese sono tornata al lavoro, ma è stata molto dura perché avevo un dolore fisso a tutta la colonna vertebrale, al collo e ai fianchi. A quel punto mi è venuto naturale provare a usare il respiro per controllarlo, anche perché volevo liberarmi dei farmaci. Chiudevo gli occhi, inspiravo il dolore ed espirando lo facevo uscire.

CI SONO MOLTE COSE CHE POSSIAMO FARE PER NOI STESSI, BISOGNA CREDERCI E PROVARCI

Ho cominciato a meditare e a praticare uno yoga molto leggero. Alla fine mi sono rimessa in piedi, ci è voluto un anno ma ha funzionato. In quel periodo ho capito molte cose del mio corpo. A volte possediamo tutti gli strumenti per prenderci cura di noi stessi, ma abbiamo bisogno di guardarci più da vicino, con maggiore accuratezza. L'incidente e il corpo ammaccato mi avevano costretto a farlo.

Ci sono molte cose che possiamo fare per noi stessi, bisogna crederci e provarci. E soprattutto continuare a concentrarsi sul respiro, regolarmente e con attenzione.

Ora sai che parlo per esperienza diretta, avere a che fare con il dolore fisico non è uno scherzo. Può farti impazzire, ci puoi mettere più di un'ora per trovare una posizione comoda.

Ci sono varie tecniche di respirazione e ciascuna ha un obiettivo diverso in relazione a una specifica parte del corpo.

Quando stavo male, per prima cosa ho cercato una posizione comoda per la schiena, con dei cuscini sotto le gambe oppure con le gambe sollevate, appoggiate sopra uno sgabello o una sedia. Mettevo un cuscino anche dietro al collo, in modo che la colonna si sentisse sostenuta e potesse rilassarsi. Una volta individuata la posizione per me più comoda, cominciavo a respirare profondamente per qualche tempo. A ogni inspirazione visualizzavo il punto in cui sentivo male e a ogni espirazione, lentamente, visualizzavo il dolore e lo invitavo a lasciare la zona.

Quando hai un dolore, di qualsiasi tipo, puoi provare a fare lo stesso. Dopo aver trovato una posizione assolutamente comoda, comincia a fare respiri profondi. Rilassa le spalle, le anche, le orecchie e la gola. A ogni respiro spingiti sempre un po' più in profondità, inspira, trattieni per qualche secondo e poi espira lentissimamente.

Cerca di focalizzare in modo molto chiaro che a ogni espirazione il dolore se ne va dal corpo, gradualmente. Ripeti la procedura due volte al giorno per un tempo che va da due a quindici minuti, a seconda di quanto riesci.

C'è stato un periodo in cui lo facevo fino a quattro, cinque volte al giorno e dopo riuscivo a addormentarmi e il mio sonno era profondo, riposante.

Questa tecnica fa anche capire che a volte il dolore arriva dalla tensione che abbiamo accumulato nella zona debole o ammalata e che può propagarsi in tutto il corpo come la tela di un ragno, se non hai una buona respirazione.

Il respiro aiuta ad avere consapevolezza e controllo del corpo e di cosa gli sta accadendo.

Quando sono tornata al lavoro ho provato a proporre questa tecnica ai miei clienti, dal momento che la maggior parte delle persone che viene a fare pilates soffre di qualche acciacco, soprattutto alla schiena. Ho visto subito grandi progressi e i miei clienti se ne sono innamorati. Passavo l'ultima parte della lezione a insegnare un respiro consapevole e li invitavo a fare i compiti a casa, a provare a ripetere qualche respiro ogni sera a letto prima di addormentarsi. Lo hanno trovato così efficace che non hanno mai smesso di farlo.

ACQUA

Quando nel 2006 ho cominciato a insegnare pilates a New York, mi sono accorta che dopo un paio di lezioni i clienti desideravano sapere e fare di più riguardo al loro benessere e al loro stato di salute, a partire da che cosa mangiare e come raggiungere un giusto peso.

Compravano un pacchetto di classi e volevano frequentarle più spesso.

Era bastato iniziare a muovere il corpo, stimolare la circolazione, approfondire il respiro, concentrarsi su se stessi per un paio d'ore a settimana e tutti avevano sentito la spinta a cambiare il proprio stile di vita in una direzione più salutare.

Spesso è sufficiente cominciare e poi tutte le stelle si muovono nella giusta direzione.

Ogni volta che vedevo i miei clienti, volevano parlare di come e cosa mangiare, del loro stato emotivo, della loro relazione di coppia o del loro desiderio di stare da soli.

Questo mi faceva pensare che il benessere e la salute si raggiungono attraverso un equilibrio tra emozioni, amore, cibo, esercizio fisico e anche un po' di meditazione.

Ora, non ti preoccupare se in questo momento ti sembra troppo, non ti sto dicendo di stravolgere la tua vita da un istante all'altro, meditare due volte al giorno, mangiare solo cibo ecosostenibile e indossare solo pantaloni per fare yoga. Le cose belle accadono lentamente, per gradi.

Vorrei solo incoraggiarti a fare dei piccoli, semplici cambiamenti nella tua giornata: la ruota della salute comincerà a girare nella sua direzione naturale, senza troppa fatica o sforzo.

Ai miei clienti dicevo di partire da cose molto basilari, per esempio abituarsi a bere più acqua. È facile, vero?

La maggior parte di noi è disidratata e spesso confondiamo la sete con la fame e finiamo per abbuffarci di cioccolato, pane, caramelle, cibi dolci. Bere acqua in quantità sufficiente fa bene alla nostra salute generale: aiuta a dormire bene, riduce lo stress, facilita la digestione, diminuisce il gonfiore all'addome e alle gambe, migliora la circolazione, l'umore, la pelle, rinforza le unghie e orienta i nostri desideri alimentari verso cibi più sani. In Islanda alcuni medici abbinano alla prescrizione dei farmaci il suggerimento di bere più acqua (naturalmente dipende dal tipo di problema del paziente).

Uno dei primi sintomi della disidratazione è il mal di testa, anche se pochi lo sanno, così come i capogiri, pelle e labbra secche o le rughe intorno agli occhi.

Il nostro corpo è acqua per circa il 65% e quell'acqua ha bisogno di un ricambio continuo: bevendo di più aiutiamo il corpo a purificarsi e a eliminare le tossine attraverso l'urina, il sistema linfatico, la pelle. Non sto dicendo che il tuo corpo è pieno di tossine perché segui una dieta sbagliata. Tutti noi siamo pieni di tossine, specialmente a causa dell'inquinamento dell'aria.

Quando passo del tempo a Milano il mio corpo è più debole e disidratato rispetto a quando sono in montagna oppure in Islanda. Sento di dover bere molta più acqua per eliminare le tossine accumulate nell'aria, e lo stesso vale per i bambini: anche loro hanno bisogno di bere più acqua, esattamente come noi, però spesso ce ne dimentichiamo. Meglio lasciar perdere i succhi in cartone e dare loro solo acqua.

Fin da piccoli, insegniamo ai bambini che l'acqua è importante se vogliono crescere, proprio come fanno le piante.

È meglio bere acqua a temperatura ambiente, piuttosto che fredda da frigo, così il corpo non deve sprecare energie per portarla alla sua temperatura. In Italia le persone sono già abituate in questo modo, mentre negli Stati Uniti le bevande sono sempre ghiacciate. Mi fa sorridere pensare alla strana relazione che gli americani hanno con il caldo e il freddo: le loro case sono troppo calde d'inverno e troppo fredde d'estate e spesso bevono tè, caffè e altre bevande con il ghiaccio, così il loro corpo deve lavorare molto per riequilibrare la temperatura, rischiando di infiammarsi.

Personalmente preferisco l'acqua naturale a quella frizzante. Ci sono molti studi in proposito, nessuno definitivo, anche se alcune ricerche

sembrano confermare che l'acqua frizzante irrita lo stomaco. Quando mi capita di bere acqua frizzante, mi sento la pancia gonfia e lo stomaco sottosopra.

Sono un po' viziata con l'acqua, perché in Islanda l'abbiamo a disposizione purissima direttamente dal rubinetto di casa. A Milano ho acquistato un purificatore. Tutte le bottiglie di plastica che compriamo stanno compromettendo irrimediabilmente l'equilibrio del pianeta, quindi incoraggio sempre le persone a prendere delle bottiglie riutilizzabili, riempirle a casa e poi portarle fuori con sé. In questo modo è anche più facile avere un'idea di quanta acqua beviamo e aggiustare le dosi nel caso in cui sia troppo poca.

Ci sono tantissimi diversi sistemi di filtraggio dell'acqua, adatti a qualsiasi budget, basta fare una ricerca e scegliere il più adatto alle proprie esigenze.

Cominciare a stabilire una piccola routine quotidiana rispetto all'idratazione la fa diventare presto un'abitudine.

Appena sveglia, dopo qualche respiro profondo, bevo un bel bicchiere d'acqua a temperatura ambiente o anche tiepida. Si possono aggiungere zenzero, lime o menta fresca, se aiuta a bere di più o per avere qualche beneficio ulteriore. A me piace mischiarli. La maggior parte delle volte bevo solo acqua a temperatura ambiente, ogni tanto alterno zenzero e lime, dipende da come mi sento. È successo che limone e lime mi abbiano dato fastidio ai denti, quindi ho iniziato a usare una cannuccia (su suggerimento del mio dentista).

Cerco di bere quasi mezzo litro di acqua prima di colazione, poi aspetto circa quindici-trenta minuti prima di mangiare, dipende dal tempo che ho a disposizione. Dopo colazione aspetto da trenta minuti a un'ora prima di ricominciare a bere, giusto per lasciare che la digestione finisca.

È più facile digerire senza acqua nella pancia, perché la digestione rallenta se insieme al cibo si beve molta acqua. Suggerisco sempre di tenere separati bere e mangiare, o ci si potrebbe gonfiare. Di solito smetto di bere venti-trenta minuti prima di mangiare e riprendo passati trenta-sessanta minuti dal pasto, a seconda che sia stato impegnativo o leggero.

Si consiglia di bere circa due litri di acqua al giorno. Se fate esercizio e sudate in palestra o dove vi allenate, si può arrivare a bere anche molto di più.

Se bevi meno di due litri al giorno puoi provare a eseguire un piccolo test: fatti una foto, bevi due litri di acqua al giorno per due settimane e poi scattatene un'altra. Vedrai delle differenze notevoli: il tuo corpo sarà meno pesante, la faccia e gli occhi molto meno gonfi. Conosco persone che si sono liberate di macchie cutanee ed eczemi sostituendo succhi e bevande gassate con della semplice acqua.

Basta far girare la ruota del benessere piano, a piccoli passi, e vedere che cosa si modifica da un giorno all'altro. È sufficiente prestare un po' di attenzione a come ci si sente, come si dorme e se i desideri alimentari cambiano.

Elenco di seguito alcuni dei modi per cominciare a bere più acqua. Per pranzo o cena può essere una buona idea posare al centro della tavola una brocca piena di colori gradevoli.

Ecco alcune delle mie combinazioni preferite:

- acqua e zenzero;
- acqua, menta e lime;

- acqua, limone e arancia;
- acqua, mela e basilico.

L'acqua è anche terapeutica, solo il rumore riesce a farci rilassare. Quando i miei figli erano appena nati, e durante la gravidanza, mi piaceva cercare delle tracce musicali che riproducessero il suono dell'acqua. Li calmava e a volte ci addormentavamo accoccolati l'uno addosso all'altro.

Non c'è niente di meglio che finire una giornata impegnativa con un bagno caldo, oppure iniziare la giornata con una doccia energizzante. Dopo, mi sento una persona nuova, come se avessi lavato il corpo e lo spirito.

Se durante una doccia vuoi aggiungere l'elemento fuoco puoi usare l'acqua calda e l'effetto sarà più rilassante, ti calmerà e scaccerà via lo stress. Se usi quella fredda, sarà più energizzante e stimolerà la circolazione sanguigna. Alla prossima doccia cerca di capire di cosa hai più bisogno e poi regola la temperatura dell'acqua di conseguenza.

Cresciamo nella pancia di nostra madre circondati dall'acqua, un elemento molto potente.

Ho fatto nascere il mio secondo figlio in acqua ed è stata un'esperienza incredibile.

I neonati adorano stare a contatto con la pelle della mamma; fare un bagno insieme è qualcosa di magico, dare e ricevere abbracci ci fa sentire in pace. Anche fare una doccia con il partner porta a una connessione profonda.

Se poi si nuota in mare o nell'oceano, è ancora meglio. L'acqua salata è salutare per tanti motivi. Molti dottori suggeriscono ad alcuni dei loro pazienti di trascorrere del tempo al mare, nuotare e fare bagni. Anche solo prendere un respiro profondo davanti al mare ci trasmette una meravigliosa sensazione di calma.

L'acqua salata contiene una gran quantità di sali minerali, sodio, cloruro, solfati, magnesio e calcio. Fa benissimo per le malattie della pelle come la psoriasi o eczemi di vario tipo, stimola il sistema linfatico e la circolazione, rinforza il sistema immunitario, idrata la pelle e favorisce il benessere in generale.

Dopo una vacanza estiva al mare tutti noi splendiamo, perché siamo stati baciati dal sole e perché stare vicino all'acqua fa magie.

LE MIE COLAZIONI

Nella mia routine quotidiana tengo molto al momento della colazione. Il modo in cui comincia la giornata ne può influenzare il tono e l'andamento, da un punto di vista fisico ed emotivo.

Prima di avere una famiglia, il tempo per me era tanto e riuscivo facilmente a gestirlo, assecondavo l'umore e lo stato d'animo con cui mi svegliavo. Iniziavo facendo yoga mentre ero ancora a letto, respirando profondamente, e posa dopo posa mi ritrovavo sul pavimento a praticare un'intera sequenza, seguendo l'energia del momento. Dopo aver fatto del movimento dolce ed essermi allungata, cominciavo a bere acqua per aiutare il corpo a eliminare quello di cui non aveva più bisogno. È così piacevole idratare il corpo come prima cosa, appena svegli.

La mattina amo stare tranquilla, non mi piace parlare, preferisco la calma e la quiete.

Nel silenzio riesco a restare in contatto con me stessa, almeno per la prima parte della giornata.

Mi piace ascoltare musica e accendere una candela per creare un'atmosfera tranquilla, serena. Questi piccoli accorgimenti contribuiscono a rendere tutto più morbido, accogliente, sensazioni che rimangono con me fino a sera.

Ora, con due bambini, la mia routine è cambiata; di sicuro i miei figli danno una bella accelerata al momento del risveglio e la lista di cose da fare si è allungata parecchio rispetto a quando stavo da sola, quindi ho adottato altre abitudini, però cerco sempre di creare la stessa atmosfera serena e ho posticipato l'esercizio fisico. Se mi resta del tempo, lo faccio dopo che li ho accompagnati a scuola.

Nella prima parte della mattina, quando i bambini sono ancora assonnati, li faccio rilassare con delle candele. Si siedono e fanno colazione mentre guardano la fiamma. Gli piace tanto e sono felice di poter dare loro questo momento di tranquillità.

Solo perché i bambini sono fisicamente più piccoli non significa che lo siano anche le loro emozioni. Credo invece che abbiano un'interiorità molto più sottile e sensibile della nostra, perciò bisogna stare davvero attenti a cosa diciamo e a come li trattiamo, soprattutto quando si sono appena svegliati. Hanno bisogno di amore e attenzioni, prima che ciascuno esca per sbrigare le proprie faccende, noi le nostre giornate indaffarate, loro la scuola.

Mi sforzo moltissimo per cercare di rendere le mattine gradevoli e dolci, cerco di non mettere loro fretta, di non vestirli a forza sgridandoli e di non stressarmi troppo. So benissimo che di tanto in tanto succede in parecchie case, compresa la mia, ma ogni volta mi accorgo degli effetti negativi che ha su di me e sui bambini. Diventano tristi e irritabili e non ce n'è davvero alcun bisogno. Non voglio lasciarli a scuola già cupi o pressati dalla fretta perché li ho rimproverati oppure ho alzato la voce.

Quelle che stai per leggere sono le piccole strategie che ho provato a mettere in atto per migliorare la routine mattutina e l'atmosfera in casa. Sono risultate molto utili, creano un momento di unione per tutta la famiglia prima che ciascuno si dedichi alle sue occupazioni.

Innanzitutto bisogna andare a dormire abbastanza presto, così da riposare bene e potersi svegliare un'ora prima. In questo modo si ha il tempo di mettere della musica, preparare una colazione sana e gustosa per tutti quanti oppure solo per sé, nel caso si viva da soli.

Cercate di viziarvi e di creare fin dalle prime ore della giornata un'atmosfera delicata.

So che a questo punto la tua mente si sta ribellando e lamentando solo all'idea di svegliarsi alle 6 o alle 6.30. Non lasciarle spazio, per un attimo respingi ogni obiezione e prova ad andare avanti con la lettura.

Se ci pensi, in fondo è solo un numero sulla sveglia; ciò che riceverai in cambio dal fare colazione tutti insieme e goderti il momento può davvero fare la differenza nella tua giornata, può cambiare le abitudini dei tuoi figli per il resto della loro vita. Non vale la pena provarci?

La sera, mentre cucino la cena e aspetto che il cibo sia pronto, mi porto avanti: preparo la macchina del caffè (quella americana), così la mattina dopo devo solo premere un bottone, metto a mollo i semi di chia, qualche volta taglio la frutta per il centrifugato. Rispetto a quando ho cominciato a farlo sono diventata decisamente più veloce, oggi ci impiego un secondo a tagliare tutta la frutta, mentre all'inizio l'operazione mi richiedeva molto più tempo.

Se riesci a mantenere il passo e a farla diventare un'abitudine, alla fine ti sembrerà quasi una specie di flusso dentro cui stare piacevolmente. Almeno così è successo a me.

Riempi la casa di musica rilassante e metti una candela sul tavolo della colazione. Racconta i tuoi sogni e come ti hanno fatto sentire, chiedi ai tuoi bambini e al tuo partner come stanno.

Ai miei figli piace molto ricordare che cosa hanno sognato e ascoltare cosa ho sognato io. Penso che sia magico riuscire a insegnare loro come cominciare la giornata e come stabilire un contatto con se stessi. Parlare con noi li fa stare bene. Spesso ci dimentichiamo che siamo la cosa più importante e interessante che hanno nella vita. Una conversazione gentile e buffa oppure sedersi tutti intorno al tavolo in silenzio sono occasioni molto preziose per loro. E anche per noi.

Quando arriva il momento di vestirsi, chiedo ai miei bambini di mostrarmi quanto sono bravi e veloci a farlo, così che possano capire che

è arrivata l'ora di uscire mentre io sparecchio la tavola dopo la colazione e mi preparo. Gli spiego che ho bisogno del loro aiuto, ho bisogno che si vestano da soli e in poco tempo, e questo li fa sentire importanti. Quando si presentano pronti davanti alla porta della cucina, hanno uno sguardo orgoglioso e soddisfatto.

A nessuno piace uscire di casa di fretta e già stressato, dopo aver fatto colazione con un biscotto.

Vorrei che fosse chiaro, dal profondo del mio cuore, che non sto giudicando chi lo fa. Anch'io a volte alzo la voce e metto fretta ai bambini come una matta ma, quando li lascio a scuola dopo quelle mattine infernali, mi sento così male, così triste e in colpa che parto col piede sbagliato e il risultato è che la giornata di tutti quanti è rovinata.

Gestire lo stress dentro casa è fondamentale e cercare di mantenere un andamento gentile e delicato per tutta la settimana fa bene a te e a alla famiglia.

I bambini saranno più calmi in generale, in fondo prendono noi come modello. Se insegniamo loro l'amore e la pazienza, saranno più affettuosi e pazienti. Se mangiamo bene, lo faranno anche loro.

Tutto è cominciato quando mi sono accorta che nei fine settimana le prime ore del giorno erano piene di pace, calma e abbracci. Potevamo prendercela con comodo e il resto della giornata rispecchiava l'atmosfera della mattina. Mi sono detta che desideravo lo stesso clima ogni giorno, in fondo sabato e domenica sono come il lunedì e il mercoledì, ho pensato. Certo, non c'è scuola e non c'è lavoro, eppure avrei potuto tentare di far assomigliare tutti gli altri giorni a quelli del fine settimana. Forse a volte può bastare guardare le cose da un'altra prospettiva. La nostra mente è forte e potente, può anche capitare che quello che pensiamo e sentiamo accada. O almeno possiamo provarci.

Ci sono alcune colazioni che preferisco e che mi piace preparare per la famiglia, nonostante poi in alcuni periodi i miei gusti possano cambiare un po'. È importante che l'intera famiglia si goda il pasto e soprattutto ci tengo che sia sano.

È fondamentale insegnare ai figli a mangiare bene, crescono velocemente e hanno bisogno di cibo salutare e appetitoso. Sta a noi essere un buon esempio per loro e per il nostro bambino interiore. Amo in particolare i centrifugati, da anni sono una loro super fan.

Mi fa stare bene e mi tranquillizza sapere che in un bel bicchierone riusciamo ad avere tutti i nutrienti di cui abbiamo bisogno, vitamine e minerali.

Quando li preparo cerco il massimo del valore nutritivo, in modo che diano uno sprint alla giornata e ci mantengano forti e in salute.

La cosa bella è che puoi mescolare i tuoi ingredienti preferiti a quelli più sani, per esempio tutti i tipi di *superfood* (semi, frutti rossi, verdure e molte tipologie diverse di nutrienti vegetali in polvere).

Come base per qualsiasi centrifugato uso i semi di chia. Ne metto un cucchiaio in un bicchiere o in una tazza, aggiungo dell'acqua, mescolo bene e li lascio in ammollo. Dopo qualche minuto si gonfiano un pochino e cambiano consistenza.

Di solito li faccio riposare, vado a lavarmi i denti, quando torno li mescolo di nuovo e li metto in frigo, dove li tengo per tutta la notte.

So che costano parecchio e per questo, invece di consumarli secchi così come sono nella confezione, consiglio di sfruttarne al massimo i benefici lasciandoli a mollo, perché nell'acqua rilasciano le loro proprietà nutritive.

Inoltre, siccome sono molto piccoli, il processo di digestione li conserva parzialmente intatti e il corpo ne può assorbire tutti i benefici. È il modo più indicato di usarli per far fruttare al meglio la spesa.

Quindi, la prima cosa che aggiungo alla centrifuga sono i semi di chia ammollati: la loro consistenza un po' gelatinosa fa sì che gli altri ingredienti si amalgamino bene.

Come tocco finale preparo la granola e della mela tagliata a pezzi. Una volta che ho centrifugato tutto, mi piace mescolare la mela e mettere in cima la granola, così da avere qualcosa di croccante da masticare.

Queste sono cinque delle ricette che preparo a casa per la famiglia. Sono le più appetitose, quelle che rendono più felici i bambini.

Le quantità sono per due persone.

CENTRIFUGATO DI PAPAYA E SPINACI

INGREDIENTI

- 2 cucchiai di semi di chia in ammollo in acqua, fatti riposare in frigorifero per una notte
- 1 tazza di papaya sbucciata e tagliata a pezzi
- 1 mela sbucciata e tagliata a pezzi
- 1 cucchiaio di semi di canapa
- 1 cucchiaino di cannella
- 1 manciata di spinaci freschi, lavati
- 1 cucchiaio di cacao crudo in polvere
- ½ cucchiaio di Maca in polvere

PREPARAZIONE (VALIDA PER TUTTI I CENTRIFUGATI)
Mescolo e centrifugo tutto, poi verso nei bicchieri e assaporo il gusto di ogni ingrediente.

CENTRIFUGATO DI PERA E CAVOLO RICCIO

INGREDIENTI
- 2 cucchiai di semi di chia in ammollo in acqua, fatti riposare in frigorifero per una notte
- 4 foglie di cavolo riccio ben lavate
- 1 pera ben lavata oppure pelata
- 1 cucchiaino di olio di cocco
- 2 dosi di açaí surgelato (di solito venduto già porzionato)
- 1 cucchiaio di semi di canapa
- 1 cucchiaio di burro di mandorle

CENTRIFUGATO DI MIRTILLI, PAPAYA, SPINACI

INGREDIENTI
- 2 cucchiai di semi di chia in ammollo in acqua, fatti riposare in frigorifero per una notte
- 1 tazza di mirtilli, freschi o surgelati
- 1 tazza di papaya sbucciata e tagliata a pezzi
- 1 manciata di spinaci freschi, lavati
- 2 dosi di açaí surgelato
- 1 cucchiaio di semi di lino

CENTRIFUGATO DI BANANA, MIRTILLI E CAVOLO RICCIO

INGREDIENTI

- 2 cucchiai di semi di chia in ammollo in acqua, fatti riposare in frigorifero per una notte
- 1 tazza di latte di cocco
- 2 foglie di cavolo riccio ben lavate
- 1 tazza di mirtilli, freschi o surgelati
- 1 banana
- 2 datteri (ricordarsi di togliere il nocciolo)
- 1 pizzico di cannella

CENTRIFUGATO DI CAVOLO RICCIO E SPINACI

INGREDIENTI

- 2 cucchiai di semi di chia in ammollo in acqua, fatti riposare in frigorifero per una notte
- 2 foglie di cavolo riccio ben lavate
- 1 manciata di spinaci freschi, lavati
- 1 banana
- 2 dosi di açaí surgelato
- 1 tazza di acqua di cocco

La mattina mi piace fare esercizio fisico e quindi, dopo aver lasciato i bambini a scuola, vado direttamente in palestra, corro al parco oppure faccio yoga o pilates a casa, in modo da non doverci più pensare per il resto della giornata.

Se preferisci fare attività fisica nel pomeriggio o di sera, segui la tua inclinazione e creati una routine che si adatta meglio alla tua giornata.

Il mio lavoro mi permette di avere orari elastici e so che non per tutti è così.

Non bisogna però dimenticare che il corpo ha necessità di fare attività fisica, muoversi, attivare la circolazione e sudare.

Bastano trenta minuti in casa la mattina o la sera, quando si riesce. Certe volte mi sveglio alle 6 e faccio un'ora di yoga in casa prima che gli altri si alzino.

Se c'è la volontà si trova sempre il modo di fare qualcosa, non c'è scusa che tenga.

Tendiamo a muoverci sempre meno, anche i bambini. Passano il tempo con l'iPad invece di correre, arrampicarsi e godersi la libertà magica che solo l'infanzia può dare.

Per quanto riguarda le cure di bellezza, appena sveglia mi piacciono cose semplici, acqua fredda sul viso e poi una buona crema idratante. Cerco sempre di massaggiarmi bene il viso in modo da stimolare la circolazione e diminuire il gonfiore. La mattina, comunque, preferisco dedicare tempo alla famiglia più che ai rituali di bellezza. La faccia con cui siamo nati è quella con cui dobbiamo vivere, quindi provo a stare bene con quella che vedo allo specchio.

Credo che, se prestiamo attenzione all'alimentazione, beviamo molta acqua e abbiamo buone abitudini di vita, anche la nostra immagine ne guadagnerà, sembreremo più freschi e in salute. Forse alla fine avremo bisogno di meno prodotti per il viso e per il corpo, saremo più soddisfatti del nostro aspetto e crescerà anche l'autostima.

Tutto questo duro lavoro per avere un aspetto migliore a volte mi sembra eccessivo. Sentirsi bene con il proprio corpo non è un'impresa facile di questi tempi, dove tutti intorno a noi sembrano in splendida forma. Eppure alla fine non farà nessuna differenza. Quello che resterà quando saremo dei simpatici vecchietti è il tempo che abbiamo speso con chi amiamo, quello che abbiamo visto e vissuto.

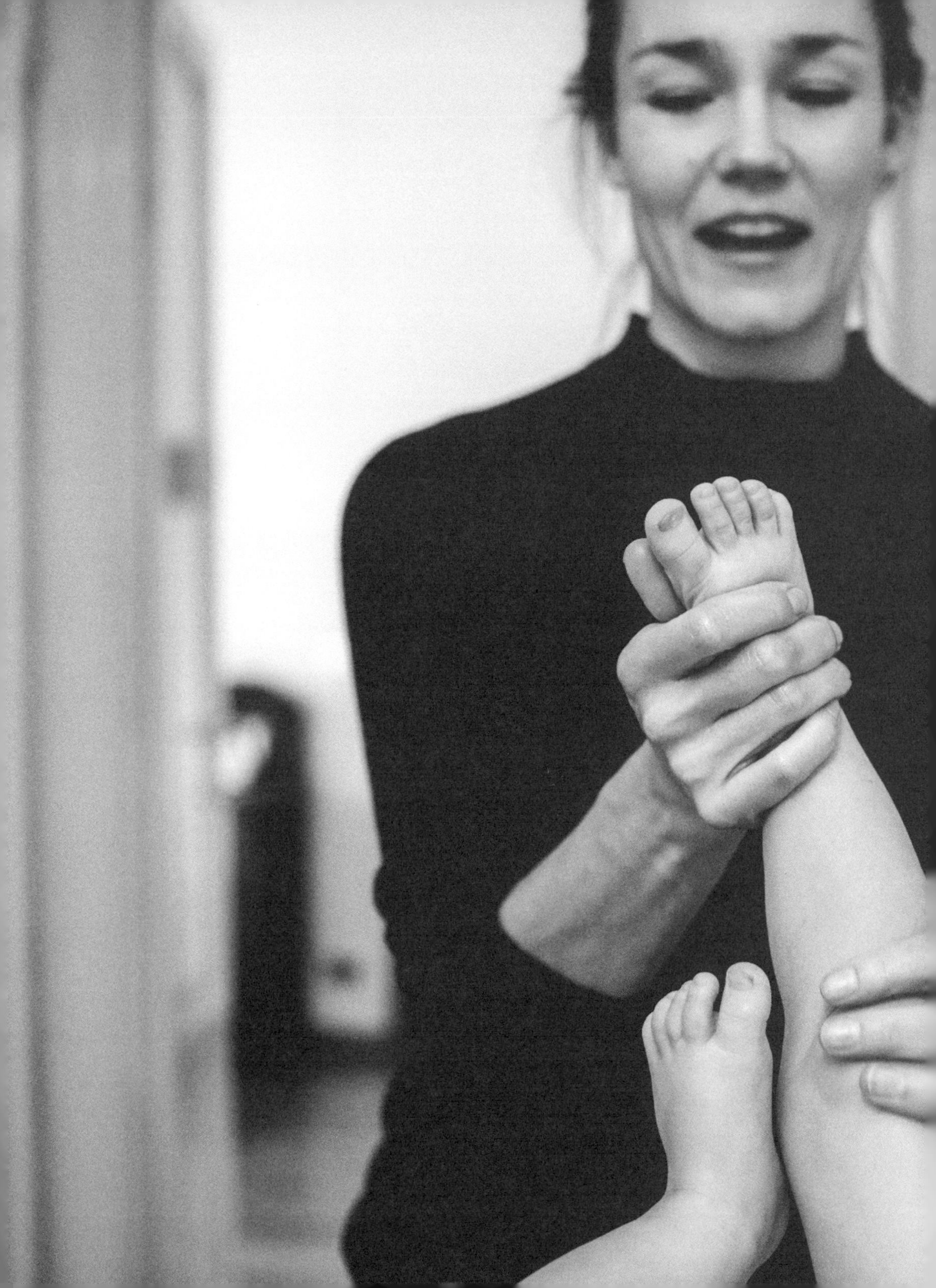

PRANZI SEMPLICI

A questo punto spero che tu stia seriamente pensando di aggiungere due o tre elementi alla tua routine quotidiana. Respirare, bere e fare colazione è qualcosa che non si può evitare, giusto? Allora perché non cercare di farlo in modo consapevole e salutare?

Spesso dimentichiamo l'importanza delle cose semplici, così presi a spuntare la lista di impegni delle nostre giornate superpiene. Non è poi così difficile rendere la propria vita più felice e più sana e mi sta molto a cuore far passare questo messaggio, perché bastano dei piccoli accorgimenti per sentirsi davvero meglio.

Non è necessario entrare in una setta, farsi crescere i *dreadlocks* e suonare il bongo nel parco per essere una persona felice e in salute. Puoi fare lo stesso lavoro che fai adesso, vivere nella stessa casa e mangiare nello stesso modo, solo con un'attenzione diversa.

Osserva la tua alimentazione e le sensazioni che il cibo ti trasmette, sii consapevole del fatto che desideri quello che sei abituato a mangiare; quindi, se per una settimana ogni giorno mangerai una bella insalata, comincerai anche ad averne voglia, come hai voglia di acqua quando sei abituato a berne.

Il tuo corpo è molto più intelligente di quanto pensi e una volta che l'avrai reso felice ti ringrazierà chiedendoti le bevande e il cibo che l'hanno fatto stare bene. L'unica cosa che devi fare è ascoltarlo.

In giro si trovano tutte queste diete che promettono di rendere il tuo aspetto più giovane e sano e di donarti l'elisir di lunga vita. Di solito sono così tante che abbandoniamo subito l'impresa, perché anche solo capire quale sia quella giusta per noi diventa una fatica.

Siamo spiazzati, per tutta la vita abbiamo mangiato in un certo modo e ora ci sembra di aver sempre sbagliato.

Non esiste una dieta che funziona per tutti. È impossibile che possano fare bene le stesse cose a me, che sono islandese e abito in Italia, a un giapponese che è nato, cresciuto e vive alle pendici del Monte Fuji o a un africano che passa le giornate sotto il sole dell'Equatore. Non è così per un mucchio di ragioni legate a fattori diversi.

Quando mangio troppa frutta non sto bene. Ho delle eruzioni cutanee, i livelli di zucchero nel sangue si alzano e si abbassano, tendo a sentirmi gonfia. Può essere semplicemente perché in Islanda non cresce molta frutta, solo una certa specie di bacche in estate. Il mio Dna è anche il prodotto della dieta di popolazioni che hanno vissuto in quel territorio per secoli. L'ho ereditato da persone che mangiavano verdura cruda, bacche, erbe di montagna, pesce, agnello e uova, mentre dall'altra parte del mondo si nutrivano con ananas e mango, riso bianco e pesce e bevevano acqua di cocco.

Così ho cercato di allineare l'alimentazione alle mie origini, sempre tenendo conto dei miei gusti e, di tanto in tanto, dei miei desideri.

Evito di dire alle persone cosa fare e come vivere la loro vita, preferisco incoraggiarle a osservare le proprie abitudini alimentari, a stare attente a come si sentono dopo aver mangiato.

Quel pasto mi ha fatto sentire meglio o peggio? Ho assunto i nutrienti di cui avevo bisogno? Ho digerito con facilità?

Ora che hai appreso la respirazione consapevole e hai compreso la necessità di bere più acqua (o almeno ci hai riflettuto), prova ad aggiungere l'idea di integrare la tua alimentazione con cibo stagionale e fresco.

Mi è sempre piaciuto preparare delle grandi insalate da portare al lavoro, in modo da avere con me del cibo sano e non cadere nella tentazione di alimenti confezionati, precotti o riscaldati.

Se per lavoro pranzi spesso al ristorante, puoi chiedere al cameriere di prepararti qualcosa fuori menu (di solito non è un problema) e cercare di non farti distogliere dalle tue sane abitudini.

Naturalmente puoi anche decidere di mangiare un'insalata per cena, invece che a pranzo, giusto per non farti mancare un bel piatto di verdura al giorno, o ogni due.

Se invece ti piace l'idea di preparare la tua insalata a casa e poi portarla in ufficio, puoi mettere tutti gli ingredienti in un portavivande e tenere l'olio a parte, oppure lasciarne una bottiglia in ufficio così da poter condire l'insalata appena prima di mangiarla. In questo modo sarà più gustosa.

Ogni tipo di verdura va bene. Comincia con quelle che ti piacciono di più e poi piano piano provane delle altre, oppure mescolane diverse tutte insieme. Le mie preferite sono cavolo riccio (di qualsiasi tipo, viola o verde), spinaci e rucola.

Se taglio la verdura in piccoli pezzi, è più facile da mangiare (entra comodamente nel contenitore e la infilzo senza difficoltà) e la gusto maggiormente.

Mi piace anche sperimentare nuovi ingredienti e fare insalate abbondanti in modo che funzionino come un intero pasto e alla fine mi sazino. Aggiungo sempre dei semi – di girasole, di zucca, di canapa o di sesamo – e noci o mandorle. Un altro ingrediente ideale per le insalate sono i legumi, di ogni tipo. Personalmente non li amo molto perché mi gonfiano lo stomaco, soprattutto fagioli e lenticchie, ma il resto della famiglia li digerisce benissimo.

Come vedi siamo tutti diversi, tienilo bene a mente e ricordati di ascoltare sempre il corpo.

I legumi sono una grande fonte di proteine, quindi, se non danno fastidio, li raccomando. In alternativa si possono usare la quinoa, il riso integrale, il grano saraceno e il riso nero, che per me funzionano alla grande, mi piacciono e li digerisco bene.

Per quanto riguarda l'olio, che è importantissimo nella dieta di ognuno di noi, io utilizzo olio extravergine d'oliva spremuto a freddo. Vivrei in Italia solo per l'olio meraviglioso che produce.

Per alcune ricette specifiche o se ne ho voglia, a volte uso l'olio di cocco, ma per lo più consumo olio d'oliva e lime spremuto.

Se ti piace l'avocado ti suggerisco di portarlo con te intero e aprirlo solo prima di mangiarlo, altrimenti diventa scuro e perde sapore.

Masticare bene è una cosa di cui spesso ci dimentichiamo. La digestione comincia in bocca, perciò concediti di masticare a lungo e sentire tutti i sapori. Comincia ad apprezzare questi piccoli piaceri, semplici e necessari. Siamo fortunati ad avere del buon cibo da gustare, quindi prendiamoci il tempo di gustarlo.

Cerca di stare seduto dritto, così che il cibo abbia lo spazio per passare lungo l'esofago e arrivare nello stomaco e la digestione possa avvenire senza ostacoli. Spesso vedo persone piegate sul piatto. Ricordo che mia nonna mi diceva sempre di stare seduta dritta a tavola, e ora ne capisco il motivo. Le nonne la sanno lunga e dovremmo starle a sentire di più.

Goditi davvero ogni pasto, perché è un altro momento da dedicare a te stesso: prova a farlo diventare un'occasione per rilassarti.

Ricorda di respirare mentre mangi. Tutto questo ti dovrebbe aiutare a digerire meglio e a non sentirti pesante quando hai terminato. Dovresti alzarti dopo pranzo pieno di energia e forza, pronto a iniziare la seconda parte della giornata.

Se invece ti alzi da tavola stanco e con la voglia di fare un pisolino dovresti seriamente riconsiderare quello che mangi. Probabilmente hai bisogno di cibo più nutriente.

Dopo pranzo prova a non bere caffè, aspetta un po' di tempo e magari bevi un bicchiere di acqua tiepida con del limone. Il caffè dopo pranzo non facilita la digestione, anche se siamo convinti del contrario. Invece l'acqua calda da sola, oppure con limone, zenzero o menta, è un'opzione di gran lunga preferibile.

Gli amanti del caffè dovrebbero cercare di limitarsi a quello del mattino. È solo un'abitudine: provate a lasciarne una vecchia per una nuova e magari, chissà, alla fine vi piacerà di più la seconda.

So che in Italia il caffè è qualcosa di sacro e berne uno solo la mattina per molti è un sacrificio impensabile, eppure è un alimento che può mettere a dura prova stomaco e intestino, soprattutto per chi già soffre di acidità.

Ecco qui alcune ricette a cui puoi ispirarti per delle insalate gustose. Le dosi vanno bene per due persone e due bambini piccoli.

INSALATA CON CECI

INGREDIENTI

- 3 o 4 manciate di spinaci freschi, lavati
- ½ cetriolo
- 1 barbabietola
- 3 carote
- 3 cucchiai di quinoa
- 1 cucchiaio di semi di girasole
- 1 cucchiaio di semi di zucca

- 2 cucchiai di ceci
- ½ lime
- olio extravergine d'oliva q.b.

PREPARAZIONE

Lavo e pelo la barbabietola e le carote, poi le sminuzzo a mano o con un robot da cucina (di solito abbondo con le dosi, perché quello che avanza lo uso il giorno dopo o per la cena). Taglio gli spinaci solo per rimpicciolire un po' le foglie, taglio il cetriolo a pezzetti e mescolo tutto insieme in una ciotola.

Cuocio la quinoa e i ceci (a volte li uso precotti) e li unisco al resto degli ingredienti. Alla fine aggiungo i semi di girasole e i semi di zucca.

Condisco con olio d'oliva e il succo del lime. Ed è pronto da gustare.

INSALATA CON RISO NERO

INGREDIENTI

- 1 cavolo riccio
- 1 manciata di pomodori ciliegini
- 1 zucchina di media grandezza
- 1 gambo di sedano
- 1 tazza di riso nero
- 1 broccolo
- ½ avocado
- 2 cucchiai di semi di canapa
- 1 manciata abbondante di noci
- olio extravergine d'oliva q.b.

PREPARAZIONE

Lavo bene il cavolo riccio, taglio qualche foglia e la sminuzzo. Lavo bene la zucchina, senza pelarla, e la affetto. Faccio lo stesso con il sedano, poi lavo i pomodori ciliegini e li taglio a metà.

Prendo il broccolo, lo lavo e lo riduco in piccoli pezzi.

Cuocio il riso nero e lo scolo.

Preparo la metà di un avocado tagliandolo a cubetti.

Metto tutto in una ciotola e mescolo. Aggiungo i semi di canapa, le noci e spruzzo di olio d'oliva. Buon appetito!

INSALATA CON SEMI VARI

INGREDIENTI

- 2 manciate di spinaci
- 2 manciate di rucola
- 1 avocado
- 1 manciata di menta fresca
- qualche foglia di basilico fresco
- 1 manciata abbondante di pomodori ciliegini
- ½ cetriolo
- 1 cucchiaio abbondante di semi di zucca
- 1 cucchiaio abbondante di semi di girasole
- 2 cucchiai di semi di canapa
- 1 manciata di mandorle
- olio extravergine d'oliva q.b.

PREPARAZIONE

Lavo e taglio in piccoli pezzi gli spinaci e la rucola. Preparo l'avocado e lo taglio a cubetti.

Lavo e sminuzzo le foglie di menta e basilico. Lavo i pomodorini e li taglio. Lavo il mezzo cetriolo, lo taglio a fettine sottili senza togliere la buccia.
Metto tutto in una ciotola, mescolo e aggiungo le mandorle, i semi di girasole, di zucca e di canapa.
Condisco con l'olio, servo e mi gusto il piatto.

INSALATA CON QUINOA

INGREDIENTI

- 4 manciate di rucola
- 1 pera
- 1 zucchina di media grandezza
- 1 gambo di sedano
- 1 manciata di semi di zucca
- 1 manciata di semi di girasole
- 1 manciata di noci
- 1 tazza di quinoa
- 2 cucchiai di olio di cocco

PREPARAZIONE

Lavo e taglio la rucola. Sbuccio la pera e la taglio a cubetti. Lavo bene la zucchina e la affetto senza pelarla. Lavo e affetto il gambo di sedano.
Preparo la quinoa, cuocendola in acqua bollente.
Sciolgo i due cucchiai di olio di cocco in una tazza di acqua calda.
Metto tutto in una ciotola, aggiungo i semi di zucca e di girasole, le noci e la quinoa.
Condisco con l'olio di cocco, mescolo bene e servo.

INSALATA CON CAPPERI E CARCIOFI

INGREDIENTI

- 4 manciate di spinaci freschi
- 1 manciata di capperi sott'olio (li preferisco a quelli sott'aceto)
- 1 manciata di carciofi sott'olio
- 1 manciata di basilico fresco
- 1 manciata di menta fresca
- 1 manciata di pomodori ciliegini
- 1 cucchiaio di semi di zucca
- 1 cucchiaio di semi di lino
- 1 avocado
- olio extravergine d'oliva q.b.

PREPARAZIONE

Lavo bene gli spinaci e li taglio. Prendo qualche carciofo dal vasetto, lo scolo e lo taglio a pezzettini. Scolo una manciata di capperi. Lavo e sminuzzo il basilico e la menta. Lavo i pomodorini e li taglio. Pelo l'avocado e lo riduco in cubetti. Metto tutto in una ciotola, aggiungo i semi di zucca e di lino, mescolo bene e poi condisco con olio d'oliva.
Il piatto è pronto da servire.

Come ti sarai accorto, nelle mie insalate non aggiungo sale. Tutti conosciamo i suoi effetti negativi, in particolare sulla pressione sanguigna, per questo molti regimi alimentari tendono a essere iposodici.

Capisco che per qualcuno possa essere dura, quindi di solito lascio il sale sul tavolo a disposizione di chi ne vuole aggiungere alla sua porzione.

Nelle ricette che ho proposto c'è sempre un elemento dal sapore forte, che non necessiterebbe di altro, perciò ti invito a fare un esperimento: per una settimana prova a non mettere sale sulle tue insalate.

Già dal quarto giorno ti accorgerai che quasi per magia il gusto di ogni ingrediente sarà più sottile e deciso e ti sembrerà di aver sviluppato un supersenso.

Fare a meno del sale non sarà più così difficile. È una promessa!

CENE DELIZIOSE

Quando le persone cominciano a riorganizzare il proprio regime alimentare e mangiano cibi sani per qualche giorno, spesso dicono di non sentirsi piene o soddisfatte, e che la fame si ripresenta poco dopo i pasti.

Le ragioni sono diverse. Per prima cosa il corpo inizia a purificarsi in modo efficace ed espelle tossine che magari erano in circolo da molto tempo, forse da anni. Con tutto il cibo "pulito", la verdura e l'acqua che sta assumendo, l'organismo si libera più facilmente delle scorie che non vuole più trattenere. Quando si attraversa questo processo di detossificazione è normale avere l'impressione di essere più deboli, ma è una sensazione passeggera.

Porta pazienza e vedrai che alla fine tutte le tue energie torneranno, anche più vitali di prima, una volta che ti sarai purificato.

In dieci-quattordici giorni la fame e la stanchezza se ne andranno, dipende da quanto il tuo corpo ha bisogno di purificarsi e dal tipo di abitudini che avevi.

Ricordati di bere sempre molto e di tenere uno spuntino nella borsa per il pomeriggio, nel caso in cui ti venisse fame: mandorle, anacardi, frutti rossi essiccati, una mela, una banana, oppure, se ti è avanzato un po' di centrifugato dalla colazione, potresti portarlo con te al lavoro e aggiungerci della frutta secca, così da avere una spinta in più per la seconda parte del pomeriggio.

Dopo due settimane dovresti sentirti pieno di energia e pronto a saltare fuori dal letto la mattina. Sarai più efficiente al lavoro e il gonfiore diminuirà.

È più facile digerire un cibo fatto da vegetali e piante non trattate, il corpo funzionerà a pieno regime, senza doversi impegnare troppo nella digestione di alimenti pesanti e senza disperdere energie per smaltire scorie indesiderate.

Sei quello che mangi e desideri quello che hai mangiato nelle ultime settimane, quindi non smettere con le insalate, le zuppe e le verdure. Dopo qualche settimana comincerai ad averne voglia, così come prima avevi voglia di pasta, pizza o quello che era il tuo pasto abituale.

Dopo una lunga giornata tra ufficio, la spesa e la scuola dei bambini, è il momento di pensare alla cena. In Italia le persone mettono l'acqua a bollire e si fanno una bella pasta, è veloce, facile e molto buona. In più è una tradizione, qualcosa di sacro, chiunque, di ogni età e di ogni parte d'Italia, sa come si prepara un piatto di pasta.

Ho il massimo rispetto per la pasta, eppure, se ne mangio troppa o la mangio ogni giorno, dopo un paio di settimane mi sento male. Discendo in parte dai vichinghi, il mio sangue e il mio sistema digerente si affaticano e perdono energie. Se mangio troppo pane, addirittura il mio umore ne risente.

Il grano e il glutine possono influenzare l'umore, perché c'è una connessione diretta tra la flora del colon, gli stati emotivi e la chiarezza mentale.

Se ti senti confuso o hai un umore altalenante, ti arrabbi facilmente, sei spesso stanco e soffri di mal di testa, potrebbe dipendere dal consumo di pizza e pasta. Quella che chiamano "la gang del bianco" è un combinato di zuccheri e farina bianca ed è davvero da evitare.

La pasta ha un basso valore proteico. Se hai l'abitudine di pranzare o cenare sempre solo con la pasta potresti arrivare ad assumere poche proteine, che sono dei macronutrienti fondamentali per la salute.

Quando scegli che pasta comprare, controlla quante proteine contiene. La tipologia migliore ha circa il 14% di proteine ogni 100 grammi. Un altro accorgimento fondamentale è bilanciare proteine e carboidrati nel corso di ogni giornata.

Nel mio primo anno in Italia, quando incontravo qualcuno e chiedevo come stava, capitava spesso che mi rispondesse: «Bene, solo un po' stanco». Un giorno ho domandato al mio compagno: «Perché in Italia sono tutti così stanchi?».

Quando ho iniziato a occuparmi di alimentazione, un professore di

Nutrizione integrata mi ha spiegato che l'eccessivo consumo di pasta e pane può dare una sensazione di stanchezza perché questi due cibi hanno un alto contenuto di carboidrati. E in quel momento ho capito.

Alla fine di una giornata lunga e piena di impegni vogliamo solo trattarci bene con una cena deliziosa insieme alla nostra famiglia.

Ho una buona notizia da darti: è molto facile preparare una cena sana, è solo questione di abitudine e di liberare immaginazione e fantasia. Ci sono poche ricette da imparare, per il resto ci si lascia andare e si cucina con il cuore. Spesso per cena preparo una zuppa. Mi piacciono molto le zuppe, sono calde, confortanti e facili da preparare.

Oltretutto la cena dovrebbe essere il pasto più leggero della giornata e andrebbe consumato presto, come facciamo noi nordici. Qualcosa di facile da digerire, così da poter dormire un sonno profondo e ristoratore.

Quando ti svegli la mattina ti senti diverso, pieno di energia, dato che il tuo corpo è riuscito a riposare bene, invece di lavorare per digerire il cibo dopo mezzanotte. Lo vedrai cambiare, sembrerà più in salute.

Le cene che preferisco sono a base di zuppe, verdure arrosto o al vapore condite con olio extravergine d'oliva, insalata a parte o patate dolci o quinoa. Li combino in diversi modi e dico ai miei bambini che faccio le magie, che con quel cibo diventano grandi e forti come vichinghi. A loro piace molto.

Quando sono in Islanda amo preparare il pesce, perché è una tradizione per me, come per te la pasta. In Italia invece, vista la varietà di frutta e verdura, mi sbizzarrisco con quelle. È una delle ragioni per cui trovo meraviglioso il tuo paese, la possibilità di averne sempre di fresche e locali.

Appena arrivo a casa a fine giornata provo a creare un'atmosfera rilassante e accogliente, accendo le candele, scelgo una bella musica e sto vicina ai miei bambini, cerco di fare delle cose insieme a loro. Spesso mi aiutano in cucina, li lascio preparare le verdure e mi assistono mentre lavo i piatti. È una cosa che li rende estremamente orgogliosi.

La cena è un momento importante per noi, è bello sedersi tutti insieme e parlare della giornata, di come è andata all'asilo e al lavoro. Ai bambini piace ascoltare come ho passato la giornata e io amo le loro storie.

La casa è il cuore della famiglia e, anche se vivi da solo, cerca di rendere il tuo spazio speciale, cerca di farlo tuo.

Lascia che ti abbracci quando rientri la sera. È così importante sentirsi amati e abbracciati nella propria casa. A volte mi mancano moltissimo i momenti in cui vivevo da sola! Accendevo le candele, ascoltavo buona musica e cucinavo, come se ci fosse l'ospite più speciale al mondo.

Sono sicura che questi piatti sani ti piaceranno, nel tempo li apprezzerai sempre di più e alla fine ne sarai pienamente soddisfatto.

Le dosi sono per due persone e due bambini piccoli.

ZUPPA DI CAROTE, CURRY E COCCO

INGREDIENTI

- latte di cocco q.b.
- 10 carote
- 1 cipolla
- 2 gambi di sedano
- curry
- coriandolo fresco
- olio di cocco q.b.

PREPARAZIONE

Prendo le carote, le pelo e le taglio a cubetti. Lavo e affetto i due gambi di sedano. Taglio la cipolla a rondelle sottili.
In una padella, scaldo un cucchiaio di olio di cocco a fuoco medio-basso e faccio soffriggere la cipolla finché diventa dorata. Dopo, aggiungo il sedano.
Mescolo una manciata di carote agli altri ingredienti per qualche minuto a fuoco medio, poi unisco un cucchiaio abbondante di curry e una manciata di foglie di coriandolo. Se l'olio di cocco si è asciugato, verso una tazza di acqua.
Dopo 5 minuti, quando gli ingredienti si sono ben amalgamati e soffritti, incorporo il resto delle carote e altra acqua, fino a che vedo le carote galleggiare. Lascio cuocere a fuoco medio-basso per 15/20 minuti, poi aggiungo il latte di cocco e continuo la cottura per 5 minuti.
Alla fine frullo tutto con un mixer, finché non ottengo la consistenza di una crema. Di solito ne uso uno a immersione che chiamo il mio "bastone magico", i bambini lo adorano. È facile e funziona molto bene, con un solo attrezzo puoi fare tante cose.
Puoi mangiare la zuppa così oppure puoi aggiungere della quinoa, cotta a parte, per rendere il piatto più sostanzioso.

ZUPPA CON OGNI TIPO DI VERDURA

Certi giorni, quando sono un po' giù di corda oppure quando ho tante cose in frigo che stanno per scadere, prendo tutti i tipi di verdura che mi piacciono, li metto in una pentola e faccio una grande, energica zuppa.

INGREDIENTI

- 1 cipolla
- 1 gambo di sedano di media grandezza
- 1 broccolo di media grandezza
- 4 carote
- 3 zucchine
- 1 manciata di coriandolo fresco
- 1 rametto di rosmarino fresco
- 1 finocchio
- ½ zucca
- ca. 10 g di curcuma fresca
- ca. 20 g di zenzero fresco
- olio extravergine d'oliva q.b.

PREPARAZIONE

La preparazione dovrebbe essere veloce.

In una pentola faccio bollire l'acqua e la tengo pronta per quando avrò preparato tutte le verdure, che nel frattempo lavo e taglio.

Comincio con la cipolla, per dare una bella impennata di sapore. La affetto sottile e la metto a soffriggere in una padella con un po' di olio d'oliva.

Taglio lo zenzero e la curcuma a piccoli cubetti e, quando la cipolla è arrivata a doratura, li aggiungo nella stessa padella. Affetto il sedano e le carote pelate, li unisco e mescolo bene. Verso qualche tazza di acqua bollente e lascio andare per 5 minuti.

Lavo e affetto il finocchio, le zucchine, il broccolo e la zucca pelata. Aggiun-

go e mescolo tutto. Verso acqua bollente fino a coprire la verdura, insaporisco con rosmarino e coriandolo. Continuo la cottura a fuoco medio per 20 minuti. Se vuoi (qui sta al tuo gusto) puoi aggiungere del latte di cocco. A me piace molto, rende la zuppa più sostanziosa e fornisce un po' di grassi sani al cervello e alla pelle.
Passati 20 minuti, spengo il fuoco, lascio riposare per 5 minuti e poi frullo bene tutto con il "bastone magico", il frullatore a immersione.
Ed è pronto da gustare.

VERDURE AL VAPORE

Cuocere le verdure al vapore è uno dei metodi migliori, perché ne mantiene intatti i benefici: le vitamine e i minerali non si disperdono nell'acqua. Per la mia famiglia è la cottura quella che preferisco, soprattutto qualche tempo fa, quando i bambini erano piccoli.

È la nostra "cena del lunedì" e adesso al mio compagno piace così tanto che la prepara anche quando non ci sono. È la prova della teoria che siamo quello che mangiamo e che desideriamo quello che abbiamo mangiato, che sia sano o meno.

INGREDIENTI

- 4 carote
- 2 broccoli di media grandezza
- 1 cavolfiore
- 3 zucchine
- 1 piccola zucca o zucca gialla
- 5 foglie di cavolo riccio

PREPARAZIONE

L'ideale sarebbe avere una pentola a vapore di grandi dimensioni. In alternativa puoi usarne una che hai in casa e procurarti un cestello in alluminio da sistemare all'interno e su cui poggiare le verdure.

Riempio di acqua il fondo della pentola, fino al cestello. Porto a ebollizione e poi abbasso il fuoco. Tengo la pentola sempre chiusa con il coperchio.

Lavo tutti gli ingredienti, pelo le carote e la zucca. Taglio carote e cavolfiore in piccoli pezzi (saranno i primi che andranno nella pentola). Lavo i broccoli e li taglio in piccoli pezzi. Taglio anche la zucca. Lavo e affetto le zucchine, non troppo sottili. Lavo le foglie di cavolo riccio.

Metto a cuocere carote e cavolfiore, dopo 5 minuti la zucca e i broccoli, dopo 5 minuti le zucchine, dopo altri 5 il cavolo riccio. Passati 5 minuti spengo il fuoco.

A me piace condire con un bel cucchiaio di tahina, un cucchiaio di olio extravergine d'oliva e del sale himalayano.

Se avete molta fame e vi è rimasta della quinoa pronta in frigorifero, potete aggiungerla alla verdura. È deliziosa.

VERDURE ARROSTO CON QUINOA

INGREDIENTI

- 10 cavoletti di Bruxelles
- 2 o 3 broccoli
- 3 gambi di sedano
- 1 cipolla piccola
- 4 carote
- 1 barbabietola media
- curcuma in polvere q.b. (a seconda dei gusti)
- 3 tazze di quinoa
- olio extravergine d'oliva q.b.

PREPARAZIONE

Lavo e sciacquo la quinoa. Se l'acqua è scura e torbida, va sciacquata ancora. Dopo aver ripetuto l'operazione diverse volte, la lascio in ammollo per 20 minuti. Se so che la sera cucinerò la quinoa, la metto a bagno la mattina prima di uscire. Sarà più facile da digerire e rilascerà tutti i suoi benefici, vitamine e minerali.

Per cuocere una tazza di quinoa ci vogliono due tazze d'acqua.

Dopo averla scolata, la faccio bollire per 15-20 minuti e solo alla fine aggiungo olio d'oliva oppure olio di cocco, a seconda di cosa sto preparando o di cosa preferisco in quel momento.

Per questa ricetta uso olio d'oliva.

Metto a cuocere la quinoa mentre preparo le verdure.

Lavo bene tutta la verdura, pelo le carote e la barbabietola.

Per questa ricetta utilizzo una pentola wok abbastanza grande.

Affetto sottilmente la cipolla, che soffriggo con un filo di olio d'oliva, e, quando è dorata, aggiungo le carote e la barbabietola tagliate a dadini. Dopo un paio di minuti unisco il sedano e i cavolini di Bruxelles, ridotti in pezzetti.

A questo punto metto ancora un po' di olio d'oliva e un cucchiaio di curcuma in polvere. Alla fine aggiungo i broccoli tagliati a pezzetti e mescolo bene.

Durante la cottura, di solito la cucina si riempie di un profumo delizioso.

Preferisco le verdure croccanti a quelle ben cotte, oltretutto meno le cuoci e meno le vitamine si disperdono. È il motivo per cui le taglio in pezzi piccoli, perché sono più facili da masticare anche quando restano un po' crude all'interno.

Puoi aggiungere la quinoa direttamente in pentola oppure nei singoli piatti. Alla fine porto in tavola il sale himalayano in modo che chi vuole possa condire la sua porzione.

Buon appetito!

MOTHER'S SPELL

COLAZIONE PER CENA

Questa ricetta non è mia, è una versione riadattata di un amico molto speciale, Tim Senesi, un grande maestro di yoga californiano. Quindi grazie Tim!

INGREDIENTI

- 3 grosse patate dolci
- 1 cipolla
- cannella in polvere q.b.
- noce moscata q.b.
- sale himalayano q.b.
- 1 manciata abbondante di cavolo riccio
- 1 avocado
- 1 pomodoro
- ½ lime
- olio extravergine d'oliva q.b.

PREPARAZIONE

Prendo una padella grande, che possa andare anche in forno.
Affetto la cipolla molto sottile e la soffriggo in olio d'oliva fino a dorarla.
Lavo bene le patate (la buccia mi piace e fa molto bene, quindi è un peccato pelarle). Le taglio a cubetti e le aggiungo in padella, mescolo bene e spolvero con noce moscata e cannella.
Dopo 10 minuti inforno la padella a 175 °C per 15-20 minuti circa.
Nel frattempo affetto finemente il cavolo riccio, lo metto in un'altra pentola con dell'olio d'oliva e lo faccio cuocere per non più di 5 minuti.
Prendo una ciotola, scavo l'avocado e lo schiaccio bene con una forchetta, poi taglio il pomodoro, lo incorporo all'avocado e spremo il succo di mezzo lime. Mescolo bene il tutto.

Dispongo l'avocado, il cavolo riccio e le patate in un piatto o in una ciotola, uno accanto all'altra, e porto in tavola.
È uno dei miei piatti preferiti. Anche se assomiglia più a una colazione che a una cena, spero che ti piaccia!

Ecco qui dei meravigliosi, piccoli cambiamenti che mi auguro farai o almeno proverai a fare a partire da adesso. Datti tempo, non metterti nessuna fretta o pressione, dovrebbe essere un progresso gradevole dal momento che ti stai facendo un enorme regalo, un tempo per prenderti cura di te stesso.

Apportare dei cambiamenti alla nostra dieta o al nostro stile di vita può essere molto difficile se lo facciamo solo per avere un aspetto migliore.

Prova a farlo con amore e cura nei tuoi confronti, una cosa nuova e piacevole solo per te. E soprattutto vedi se ti senti a tuo agio, non dare mai niente per scontato, nemmeno i miei consigli.

MOVIMENTO

Tutto quello che ci circonda è in continuo movimento, niente rimane fisso, immobile, sia in natura sia nelle realtà più rarefatte e potenti.

La natura fluisce in un modo meraviglioso e miracoloso. La luna, il sole, la Terra si muovono costantemente e le stelle danzano nel cielo notturno. Le api, gli uccelli, le farfalle attraversano l'aria sottile come per magia.

L'acqua zampilla e salta sulle rocce, cade dal cielo, scintilla dalle profondità del mare o dell'oceano fino a lambire la terra.

Il sangue scorre nel corpo e l'acqua di cui siamo fatti fluisce nel nostro organismo per tenerlo il più possibile puro e sano.

Una buona circolazione è la chiave per mantenerci felici e in salute.

Nel passato gli esseri umani trascorrevano le giornate a correre, per sopravvivere, per cercare cibo, cacciare, coltivare la terra. Percorrevano lunghe distanze, ballavano e cantavano tutta la notte intorno al fuoco. Erano in continuo movimento.

È un momento storico in cui ci muoviamo molto meno di quanto abbiamo mai fatto in passato. Stiamo tutto il giorno in luoghi chiusi, davanti a un computer, e quando finalmente abbiamo finito siamo così stanchi o pigri che desideriamo solo andare a casa, buttarci sul divano a guardare la televisione o a scorrere immagini sul telefono. Naturalmente sto facendo un discorso generico, per fortuna non siamo proprio tutti così.

La cosa peggiore è che tendiamo a portare i nostri bambini a fare la stessa fine, li piazziamo di fronte a uno schermo perché le nostre vite sono diventate così complicate che ci sembra di non avere il tempo di insegnargli a conversare, a comportarsi, semplicemente a osservare che cosa li circonda o ad annoiarsi, così che possano usare la loro immaginazione per inventarsi dei nuovi giochi.

I bambini non devono essere calmi e perfetti, devono essere bambini e i bambini sono pieni di movimento, sempre in attività.

Siamo arrivati a un punto in cui i medici ci devono dire di andare in palestra, muoverci, raggiungere il giusto peso perché rischiamo seri problemi di salute. Oppure assumiamo dei farmaci che promettono di risolvere tutto e, quando non accade, saltiamo su un altro farmaco che promette esiti ancora più miracolosi. E così in una corsa senza fine.

Molti di noi fraintendono il movimento, lo considerano come qualcosa da fare per avere un certo aspetto o entrare in qualche tipo di vestito. Pensiamo che avere quel look ci farà sentire di sicuro più felici, perché almeno saremo belli, attraenti.

Devo dirti che questa strada non ti porterà mai allo splendore di cui parlo.

Non significa che io non ami la palestra, farmi una bella sudata, spingermi fino al limite e far pompare il cuore fino a restare senza fiato. Mi piace, mi aiuta a sentirmi viva. Ma qual è il vero motivo, la ragione profonda?

Come per ogni cosa, anche questa ha un significato. Ogni pensiero, ogni parola che diciamo comunica qualcosa a noi o alle persone che ci stanno accanto.

Movimento, flusso, respirazione, coordinazione, concentrazione sono i modi in assoluto più sani di far funzionare il corpo, perché li possiamo praticare a qualsiasi età e in qualsiasi condizione.

Che sia yoga, pilates, nuoto, arrampicata, arti marziali. Trova un'attività che ti piace così tanto da desiderare di farla almeno tre volte a settimana. Anche a casa puoi fare qualcosa: chiudi a chiave la porta, metti la tua musica preferita e semplicemente canta, balla.

Ti accorgerai che il tuo umore migliorerà, dopo che ti sarai liberato delle energie che avevi bloccato nel corpo.

Farsi una bella sudata è molto salutare! Alcune persone pensano che sudare sia disgustoso e volgare, ma ti assicuro che è l'opposto.

Sudare aiuta il corpo a eliminare le scorie. La pelle è l'organo più grande che abbiamo e bisogna tenerlo pulito e libero perché funzioni al meglio. Sudare è l'unico modo in cui possiamo farlo.

Anche mantenere una buona circolazione è cruciale, basta un movimento morbido e costante. Dopo il lavoro, per esempio, puoi sdraiarti a terra, appoggiare le gambe al muro, distese, e rimanere in quella posizio-

ne per qualche minuto, oppure, se riesci, mettiti in verticale sulle mani. Stare a testa in giù stimolerà la circolazione e migliorerà il tuo stato di salute.

Durante le gravidanze mi sdraiavo sulla schiena con le gambe in alto appoggiate al muro almeno una volta al giorno... erano cinque minuti di paradiso!

Far pompare il cuore, allungare e rafforzare i muscoli e le ossa solo per sentirti bene è uno dei regali migliori che tu possa farti. In fondo hai un corpo soltanto, e solo un corpo felice può splendere.

La via per lo splendore è lunga, il tipo di bellezza di cui parlo può essere trovato unicamente all'interno di un corpo equilibrato, o almeno in un corpo i cui bisogni vengono ascoltati.

Se vuoi tenerti in forma con una passeggiata c'è un modo molto efficace per farlo. Mentre cammini, porta l'addome in dentro e verso l'alto: il movimento massaggerà e stimolerà il colon e farà lavorare i muscoli dello stomaco. Per rafforzare la schiena e i lati del busto, fai andare le braccia avanti e indietro proprio come un soldato. Immagina che la tua spina dorsale si allunghi verso l'alto, dal collo fino al cielo, e verso il basso, dall'osso sacro fino alla terra. Tieni le spalle in giù e il petto aperto. Infine, ogni volta che fai un passo prova a distendere bene la gamba in avanti.

All'inizio, quando cercherai di fare tutte queste cose insieme, sembrerai un po' strano... Non ti preoccupare! Succede anche a me. Vedrai che passo dopo passo tutto diventerà più fluido e naturale. E poi, in fondo, cosa importa se sembri strano? Lo stai facendo per te stesso, trova il tuo ritmo e osserva cosa cambia nel tuo corpo.

Mi piacerebbe poter scrivere un'ora intera di esercizi, ma so per esperienza che è difficile leggere e muoversi allo stesso tempo, così preferi-

sco lasciarti qualche semplice esercizio su cui mi concentro quando ho fretta o sono in viaggio, qualcosa che stimoli la circolazione sanguigna.

Iniziamo con dei salti. Immagina di avere un trampolino sotto i piedi. Fai dei piccoli rimbalzi, contane cinquanta. Poi, per i successivi cinquanta, aggiungi la torsione del busto, lasciando oscillare le braccia a destra e a sinistra.

Passa agli squat. Posiziona i piedi un po' oltre la larghezza dei fianchi, piega lentamente le ginocchia e risali. Ripeti il movimento per trenta volte e lascia che i muscoli lavorino intensamente. Quando vai su e giù prova a cercare una sensazione di allungamento nelle gambe.

Una volta finiti gli squat, concentrati sui lati del busto. In piedi, con le gambe sempre un po' più aperte rispetto all'ampiezza dei fianchi, solleva il braccio destro e afferra il polso destro con la mano sinistra. Sentirai un piacevole stiramento di tutto il lato destro. In questa posizione fai dieci piccole trazioni, poi cambia lato e fai lo stesso. Ripeti l'intera sequenza cinque volte. Ricorda di tenere l'ombelico in dentro e verso l'alto per tutto il tempo.

Ora fletti il busto in avanti per allungare i muscoli posteriori della gamba, afferra i gomiti e oscilla dolcemente da un alto all'altro, fai respiri profondi e tieni la posizione per almeno venticinque secondi.

Appoggia le mani a terra nella classica posizione della panca. Tienila per trenta secondi. Se sei affaticato, siediti sui talloni con il petto sulle ginocchia per qualche secondo e poi ritorna nella posizione della panca. Porta il ginocchio al petto per venti volte, alternando la gamba destra e la sinistra.

Alla fine siediti di nuovo sui talloni con il petto sulle ginocchia per dieci secondi per riprendere fiato.

Sdraiati sulla schiena e piega le ginocchia, i piedi premono bene a terra. Solleva il sedere. Tieni la posizione, contrai i glutei e gli addominali cercando di portare l'ombelico verso la colonna, mentre le braccia e le spalle spingono a terra. Tieni la posizione per trenta-cinquanta secondi, poi abbassa e solleva il bacino lentamente per venticinque volte. Alla fine rilassa il bacino a terra e porta le ginocchia al petto per allungare la schiena e rilassarti.

Sdraiato, con le braccia aperte all'altezza delle spalle, lascia cadere le ginocchia da un lato e poi dall'altro, per allungare la zona lombare e portarla in una dolce torsione. Poi distendi una gamba a terra e avvicina l'altra al petto, abbraccia il ginocchio e fagli fare dei piccoli movimenti circolari in un senso e poi nell'altro, in modo da sciogliere l'articolazione dell'anca. Fai lo stesso con l'altra gamba.

Di solito, quando faccio attività, preferisco yoga e pilates. Mi fanno sentire forte, elastica e ben bilanciata. Puoi trovare molte lezioni online, uno dei miei insegnanti preferiti di yoga è Tim Senesi. Abbiamo guidato delle lezioni insieme, sono su YouTube. Magari trovi ispirazione per costruirti una tua sequenza personale.

Ripeti la mia breve routine quante volte ti va. A me di solito piace finire a testa in giù, magari con una verticale appoggiata al muro. Fa molto bene alla circolazione ed è grandioso se hai bisogno di qualcosa che ti metta di buon umore in modo facile e veloce.

LA NOSTRA PRIMA MADRE

Quando ero una bambina, stavo seduta per ore su un sasso a sognare il mio futuro.
Sono cresciuta a Kópavogur, un piccolo villaggio nella provincia di Reykjavík, in una casa vicino all'oceano. C'erano un sacco di luoghi che erano sacri per me, lungo l'oceano, dietro la chiesa del villaggio oppure su una piccola collina ricoperta di erba e rocce di tutte le dimensioni e forme. La gente pensava che fosse la città degli elfi.

STAVO SEDUTA PER ORE SU UN SASSO A SOGNARE IL MIO FUTURO

In ciascuno di quei posti avevo il mio angolino, dove immaginavo come sarebbe stata la mia vita, cosa avrei visto, cosa avrei imparato, chi sarei diventata, chi avrei incontrato, quale sarebbe stata la mia avventura.
Saltavo e correvo dappertutto, in una profonda connessione con la natura, mi inventavo storie e personaggi, fingendo di essere una fata che veniva dal centro dell'Islanda. Avevo il mio regno, una

specie di fattoria dove coltivavo quello di cui mi nutrivo e vivevo in armonia con gli animali.
Sono sempre stata una sognatrice, facevo sogni selvaggi. Mia mamma impazziva a starmi dietro. A sei anni capitava che la mattina presto scomparissi per andare a scalare una montagna. Una bambina indipendente con un'immaginazione strabordante.
Il mio pomeriggio ideale era stare da sola in mezzo alla natura a far correre la fantasia, fino a dove mi poteva portare. I pensieri si muovevano nella mia testa e tutto intorno a me come una tempesta.
Mi piaceva essere così, mi piace tuttora. Eppure mai avrei pensato che la vita mi avrebbe portato dove sono adesso. Mai avrei potuto immaginare tutti gli ostacoli che ho dovuto affrontare per non perdere la ragazzina che è cresciuta in Islanda e sognava di essere una fata.
Faccio ancora sogni selvaggi e grandi, ho la sensazione che non smetterò mai e forse questo è solo l'inizio. Sono davvero innamorata della bambina che è dentro di me ed è proprio lei che ogni giorno mi tiene connessa alla potenza della natura, l'unico wi-fi che conta davvero.

Quando è stata l'ultima volta che sei uscito a giocare? Quando sei andato a correre senza meta, solo per divertirti e sentirti leggero, stupido?

Segui l'istinto e vai a scoprire qualcosa di semplice e meraviglioso nella zona dove vivi.

Chiudi gli occhi e prendi un respiro profondo nel mezzo di un bosco.

Se è un po' di tempo che non ti concedi una cosa del genere, ti sorprenderai dell'occasione che hai perso finora.

Se permetterai a queste libertà di far parte della tua vita, troverai un tipo di amore unico e meraviglioso. L'amore reale di Madre Natura, che è sempre disponibile per ciascuno di noi, ogni volta che ne abbiamo bisogno. Da quello che ho raccontato in questo libro, ti sarai accorto che la vita non è stata sempre gentile con me, Madre Natura invece sì, lo è sempre stata. Rimanere in questa meravigliosa connessione con lei mi ha fatto andare avanti, mi ha fatto crescere e vedere come un insegnamento tutto quello che mi è accaduto durante il viaggio, mi ha dato la forza e l'energia per aiutare chi aveva bisogno di vedere una piccola luce che gli facesse ritrovare la speranza.

Il potere di lottare e ballare ogni giorno.

E con tutto l'amore e l'incoraggiamento, vorrei che anche tu ritrovassi la tua vera connessione, se per caso l'hai persa.

Sono stata una bambina davvero fortunata, sono cresciuta in Islanda, dove passavo tutto il tempo fuori, all'aria aperta, in ogni condizione atmosferica, pioggia, vento, freddo, caldo. Il posto in cui ero più felice era in mezzo alla natura, respiravo lo spirito del vento e il calore del sole, scoprivo le forme meravigliose delle nuvole che corrono nei cieli del Nord, spazzato dal vento.

Ho sempre pensato che ogni condizione atmosferica avesse un significato, un messaggio per noi.

Quello della pioggia è di rilassarci, calmarci e purificarci. Non importa se sono in casa o fuori, amo tutto della pioggia. Mi piace quando mi sorprende mentre sono per strada, le gocce mi accarezzano la faccia e mi bagnano i capelli. È come una doccia amorevole della Grande Madre.

Se sono a casa accendo una candela e vivo questo momento come una coccola, guardo fuori e lascio che la pioggia mi rilassi profondamente.

Spesso ci lamentiamo del tempo, troppo caldo, troppo freddo, troppa acqua, troppo poca. Sembra sempre che vogliamo l'opposto di quello che c'è. A volte penso che nella nostra società ci limitiamo a ripetere quello che ha detto la persona accanto a noi, come: «Oh, che noia» quando piove, invece di: «Dopo la pioggia arriva sempre il sole», oppure: «Fa bene agli alberi e ai fiori».

Tutti abbiamo avuto giorni di pioggia nelle nostre vite e ci siamo sentiti come se il sole non dovesse più sorgere. Ma immancabilmente il sole ritorna, viene a baciarci sulla guancia e a farci sentire il suo amore.

Ogni passo che facciamo su questa Terra è sostenuto e seguito da Madre Natura. È il motivo per cui dovremmo porre attenzione a ogni gesto, fare in modo che abbia un proposito e un significato per noi e per gli altri, che ci induca a cambiare e crescere con rispetto e riconoscenza per quello che ci dà. Cerchiamo di volere bene a tutti, i fratelli, le sorelle, i nostri vicini, la famiglia, i colleghi.

Tutti condividiamo questa Madre magica, viviamo sotto le sue cure, lei è sempre presente per combattere e provare a offrirci il meglio che ha.

Stranamente e tristemente spesso siamo ingrati o noncuranti e diamo tutto per scontato, proprio come facciamo qualche volta con la nostra madre biologica.

Guardati intorno e ascolta quello che fa per te ogni giorno, dimostrale gratitudine e apprezzamento. Ci dona laghi, fiumi e acqua da bere e in cui nuotare, montagne dove camminare, arrampicare o semplicemente da contemplare, fiori profumati che colorano le nostre giornate, giardini e case, alberi che ci permettono di avere aria pulita da respirare, ghiacciai, le nostre grandi riserve di acqua, rocce che ci danno forza.

Quello che fa ogni giorno per noi è incredibile e magico, ma per la maggior parte del tempo non ce ne rendiamo conto. Ce ne andiamo in giro come dei temporali a devastare tutto, senza nessuna attenzione alla bellezza che ci circonda, ai regali che abbiamo ricevuto.

Non è mai troppo tardi per accorgersi di lei. Se tutti ce ne prendessimo cura e crescessimo i nostri figli in una profonda connessione con quello che hanno intorno, potremmo sperare in un futuro più luminoso. Metti da parte l'iPad e falli sedere nel mezzo del niente senza nulla da fare e in un secondo saranno presissimi a inventarsi giochi in cui ogni cosa è connessa a un'altra.

Ascolta il vento e giocaci. Segui una farfalla e componi una canzone con quello che vedi. Salta sulle pietre senza mai toccare terra. Insegna il rispetto e l'amore per tutte le cose che vengono dalla natura.

Questo è ciò che conta davvero.

I bambini islandesi, e nordici in generale, crescono all'aperto sin da quando sono molto piccoli e in ogni tipo di condizione atmosferica. È ciò che li rende sani, perché fortifica il loro sistema immunitario. Il corpo impara a prendersi cura di se stesso, a funzionare al meglio, e vive in quella magnifica connessione con la natura che hanno tutti gli islandesi.

I bambini si adattano al cambiamento di temperatura e stagione. I nostri corpi sono perfettamente progettati per reagire alla pioggia, al vento, al freddo e al caldo.

In Islanda non vestiamo e non proteggiamo eccessivamente i bambini, ci regoliamo a seconda del tempo senza coprirli con cento strati di abiti, in modo che riescano a muoversi e che il corpo si attivi per riscaldarsi da solo.

I bambini amano la libertà di giocare ed esplorare quello che il mondo offre loro, e noi dovremmo essere in grado di dargliela. È l'unica cosa che li può rendere forti.

Sono sicura che a nessun bambino piace avere freddo, sono sicura che in ogni situazione sono in grado di trovare il modo di comunicarci che stanno soffrendo. E lo stesso vale per noi: ascoltiamo il corpo e facciamolo funzionare al meglio.

Anche la nostra mente è molto potente. Possiamo decidere di essere forti.

Indovina cosa ti può rendere più forte di quello che pensavi? Crederlo.

Questo corpo ci è stato dato per vivere, per muoverci, saltare e correre, se siamo fortunati, e respirare a ogni temperatura.

La tua salute dipende da te, quindi prenditene cura e prenditi cura anche di chi ti sta vicino.

Mangia sano, bevi molto, ama, sii grato.

Se hai bisogno di cambiare qualcosa nella tua vita, fallo. Dipende tutto da te.

Avevo circa cinque anni quando mia madre ha portato me e mio fratello Hylnur in campeggio insieme ad alcuni suoi amici. Abbiamo montato le tende sotto una grande montagna. Ci divertivamo come matti a giocare liberi e selvaggi, volevamo solo scorrazzare per conto nostro e inventarci dei giochi, come fanno tutti i bambini del mondo.

Un giorno siamo andati a dormire più tardi del solito, esausti, soprattutto mia madre, che era da sola con noi e aveva sempre un gran da fare. Di sicuro sperava che la mattina avremmo dormito fino a tardi.

Per qualche strano motivo si è svegliata alle 5, con il suono della pioggia che danzava sulla nostra tenda. Si è guardata intorno e ha visto mio fratello che dormiva profondamente e il mio sacco a pelo vuoto. Si è subito spaventata, era ancora buio e stava piovendo a dirotto. Quando è uscita dalla tenda e ha visto che mancavano i miei stivali, ha urlato il mio nome, ma nessuno ha risposto.

A quel punto era davvero preoccupata. Ha svegliato i suoi amici e tutti hanno cominciato a cercarmi nei dintorni. È passato un bel po' di tempo prima che uno di loro vedesse sulla montagna un piccolo puntino che mi assomigliava. Ero proprio io, ero andata a farmi un giretto in camicia da notte e stivali. Mi ero svegliata presto, con il desiderio di salire in cima alla montagna. Sapevo che mia madre non mi avrebbe fatto andare da sola, così avevo deciso di farlo mentre dormiva. Ho passato la più bella mattinata della mia vita, a scalare sotto la pioggia, per conto mio. Non è stato così per mia madre, che si è calmata solo quando sono stata di nuovo tra le sue braccia.

Certe volte mi dispiace per i miei genitori, perché andavo in giro da sola e li facevo preoccupare. Una volta mio padre mi ha portato in un cottage fuori città, avevo sette anni. Mentre ancora pioveva, sono sparita per tre ore. Stavo cercando l'inizio dell'arcobaleno per esprimere un desiderio.

Poi c'è stato il periodo in cui ero convinta di potermi arrampicare sugli alberi e di poter saltare da un ramo all'altro come una scimmia.

Mia madre mi aveva detto che potevo andare dappertutto intorno alla nostra casa, tranne alla spiaggia rocciosa, perché avrei rischiato di scivolare sui sassi e farmi male. Naturalmente non pensavo ad altro che a quel posto e ci ho passato ore e ore, a guardare l'oceano e a cercare tesori nascosti. Certo, i tempi erano diversi e i bambini giocavano liberi, da soli, senza una supervisione costante. Eppure i miei genitori mi hanno sempre dato fiducia e la loro fiducia mi ha permesso di diventare chi sono.

Solo ora che sono madre mi accorgo di quanto sia stato prezioso il loro dono, lo spazio per esplorare ed essere solo una bambina. Esplorare per conto proprio è il modo migliore e più veloce per imparare.

Grazie mamma, grazie papà.

SPLENDERE

Per trovare la strada verso lo splendore non ci sono molte da cose da tenere presenti, e probabilmente le più importanti sono davvero poche, ma ce ne scordiamo sempre.

La bellezza che può darci lo splendore si trova dentro di noi, è un seme nascosto nel cuore e ha bisogno di essere curato amorevolmente.

È qualcosa che riluce da un luogo profondo, la parte speciale del cuore che irradia tutto il corpo: le vene, i muscoli, i nervi, gli occhi, il sorriso, il respiro, le parole e la pelle. È una consapevolezza intima e una connessione con le emozioni, le azioni, le reazioni, i sentimenti.

Quando sei in contatto con te stesso, quando ti evolvi e ti prendi cura di te, quando senti la necessità di incarnare la tua versione migliore e la libertà di essere semplicemente quello che sei, allora splenderai in un modo speciale.

Il cibo è importante perché siamo quello che mangiamo, ma siamo anche quello che sentiamo. Una persona che ha dentro di sé una tempesta ha un aspetto molto diverso da chi è calmo, in pace e in contatto con se stesso.

Ciascuno di noi ha dentro qualcosa che deve tenere a bada e di cui si deve occupare. Non significa che siamo guasti, sbagliati o negativi.

Come esseri umani conserviamo la traccia di un evento passato, a volte piccolo, a volte molto grande – dipende da cosa ci è accaduto –, la cui voce sottile ha bisogno di essere ascoltata. Può essere stata la volta in cui tua madre o tuo padre si sono arrabbiati con te e hanno gridato. È rimasto sulla tua anima un segno che non ti ha più abbandonato e al quale non hai prestato sufficiente attenzione.

Magari non sai nemmeno che per tutto questo tempo ha bloccato un flusso di energia positiva dentro il tuo corpo. Prova a ricordartene. Poi abbraccia il bambino che eri, teneramente e con consapevolezza. Lui è sempre stato presente e lo è ancora, ha bisogno di te, delle tue attenzioni, della tua cura.

Chiediti come si sentiva, in mezzo alla natura, nel suo posto sacro. Cosa lo ha strappato da lì? Quale azione o parola lo ha ferito?

Molte persone vivono una vita intera trascurando questa parte della loro esistenza. Una parte perduta, sola, rinchiusa dentro di noi ma che richiede attenzione, amore o solo un abbraccio. Chiede soltanto che la sua voce sia ascoltata. Se l'abbiamo sempre ignorata, probabilmente esploderà in un comportamento o in parole che non riconosceremo o che non avremmo mai pensato di voler dire. Potremmo arrabbiarci facilmente, diventare nervosi, trattare le persone che amiamo in un modo inaspettato.

Diamo a noi stessi il tempo e l'amore per domandarci che cosa non va. Stai bene? Come ti senti davvero? Ogni volta che ce lo domanderemo, nelle diverse fasi della vita, troveremo risposte differenti e nuove. È un processo che non finisce mai. Per ogni fase che attraversiamo ci saranno nuovi splendori.

Oggi, in questi tempi folli governati dai social media, la cura di se stessi passa attraverso allenamenti forsennati in palestra, diete punitive, chirurgia estetica, trattamenti nei centri benessere. Non c'è niente di male in tutte queste cose, eppure non sono quelli i posti dove guarirai le tue ferite o potrai sentire la voce del tuo bambino interiore.

Nessuna palestra e nessun trattamento ti faranno amare te stesso come dovresti.

Non dovremmo volerci bene per come sembriamo ma per come siamo. In questo momento della nostra vita siamo esattamente quello che siamo stati chiamati a essere? Stiamo crescendo come possiamo fare? Stiamo usando i nostri "superpoteri" nella giusta direzione?

L'amore per noi stessi è accettazione di chi siamo, in ciascun passo, in ciascun momento del viaggio.

Ogni giorno dai acqua e attenzione al piccolo seme che riposa nelle profondità del tuo cuore.

L'amore e la cura di sé richiedono duro lavoro, una profonda connessione e un tempo dedicato durante tutto il corso della propria vita. Un tempo che meritiamo, profondamente e veramente.

Quando siamo in contatto con noi stessi e abbiamo un equilibrio sano viviamo in modo diverso. Spontaneamente mangiamo cibi sani, desideriamo camminare in mezzo alla natura, fare pilates, yoga o qualsiasi tipo di esercizio fisico.

E la nostra famiglia trae beneficio dal nostro stato.

Meriti le scintille più luminose al mondo, quindi spero davvero che prenderai in considerazione le mie parole. Se splenderai ci sarà un altro magnifico seme che sboccerà nel mondo e a poco a poco farai splendere anche la persona che ti sta accanto.

E così tutti, alla fine, splenderemo.

End

Mondadori Libri S.p.A.

Questo volume è stato stampato
presso ELCOGRAF S.p.A
Via Mondadori, 15 - Verona

Stampato in Italia - Printed in Italy